무주산골영화제
Muju Film Festival

Una Labo
Actorology

백은하 배우연구소

고
민
시

next actor

이웅복, 박정민, 류승완, 한준희

COLLEA GUES

GOMINSI OLOGY

INTER VIEW

INTRO DUCTION

GO 민시! 레츠 GO!

6년이란 시간에 대해 생각합니다. '넥스트 액터'NEXT ACTOR를 처음 시작한 2019년부터 2024년까지 영화 산업은 안팎으로 많은 변화를 겪었습니다. 코로나 팬데믹을 거치며 영상 문화를 향유하는 개인의 삶 역시 새로운 방식으로 변모해 갔죠. 2019년은 론칭 후 3년간 기반을 다지던 넷플릭스가 〈킹덤〉을 기점으로 구름판에 본격적으로 오른 해였습니다. 2020년 한국적 장르의 한계를 깬 〈스위트홈〉에 이어 2021년에는 〈오징어 게임〉이 일으킨 경이로운 신드롬을 전 세계가 지켜보았죠. 2022년 디즈니플러스 시리즈 〈카지노〉로 게임판을 뒤흔든 최민식 배우는 2024년 영화 〈파묘〉의 정직한 삽질로 천만 관객의 마음을 파냈습니다. 한편 2022년 〈브로커〉로 칸 영화제에서 한국인 최초로 남우주연상을 수상한 송강호 배우는 2024년 〈삼식이 삼촌〉으로 드라마 시리즈 첫 신인상을 노리고 있습니다. 이렇듯 OTT 시리즈와 극장 영화의 지각변동은 배우들에게 예측 불가의 동선을 만들어냈습니다. 그리고 예상 밖의 발견과 세대교체 역시 가능하게 했죠. 그 중심에는 영화 〈마녀〉로 발굴되어 〈스위트홈〉 시리즈를 통해 세계적으로 주목받은 후, 느슨해진 영화판을 영화 〈밀수〉로 짜릿하게 긴장시킨 배우 고민시가 있습니다.

넥스트 액터 시리즈의 관심 중 하나는 배우라는 직업에 이르는 다양한 원류를 보여주는 데에 있습니다. 이들은 다니던 대학을 자퇴하고 연기를 전공하거나(박정민), 어린 시절부터 카메라 앞에서 성장하거나(고아성), 또래 창작 집단과 함께 기회를 확장해(안재홍) 나갔죠. 독립영화의 강렬한 얼굴로 주목받거나(전여빈), 군대 제대 후에 끝내 이 길로 접어든(변요한) 배우도 있죠. 이들이 '배우'라는 타이틀을 얻기까지 거쳐온 과정은 저마다 다릅니다. 대학에서 연기를 전공하지 않은 고민시는 혼자 만든 단편과 웹 콘텐츠로 존재를 알리고 천 번의 오디션을 거쳐 배우가 되었습니다. '어떻게 하면 배우가 되나요?'라는 질문에 하나의 답만 있는 것은 아닐 겁니다. 각자 다르지만 공평하게 치열한 이들의 여정을 따라가는 것이 넥스트 액터 시리즈를 소장하는 아름다움 중 하나라고 믿습니다.

배우연구소의 활동에 변함없는 응원과 관심을 보여주는 초대 넥스트 액터 박정민 배우가 기꺼이 오작교 역할을 해준 덕에 '6호 고민시'와의 인연이 시작되었습니다. '1호 박정민'은 〈오피스〉의 고아성, 〈사냥의 시간〉의 안재홍, 〈하얼빈〉의 전여빈, 〈들개〉의 변요한 그리고 〈밀수〉의 고민시까지 모든 넥스트 액터를 잇는 명주실 같은 존재가 되었습니다. '3호 안재홍'과 '4호 전여빈'은 드라마 〈멜로가 체질〉에서 이미 조우했고, '2호 고아성'과 '5호 변요한'은 영화 〈파반느〉의 촬영을 이제 막 시작했습니다. 희망처럼 그리던 넥스트 액터의 우주가 점점 흥미롭게 확장되는 모습을 지켜보는 일은 기대 이상으로 짜릿합니다. 여기에 단단한 내공을 품은 채 남다른 기세로 질주 중인 배우 고민시의 이름을 시작으로 '넥스트 액터 유니버스 페이즈 2'N.A.U. PHASE 2를 열어보려고 합니다.

어느덧 열두 해의 순환을 끝낸 보름달 같은 무주산골영화제와 이제 반달 같은 여섯 번째 '넥스트 액터' 시리즈는 서로 마주 보는 새로운 출발점에서 '각자의 달리기'를 시작합니다. GO 민시, 레츠 GO! 여러분의 응원이 그 어느 때보다 필요합니다.

2024년 5월
오월의 청춘과 함께
백은하

FILMO GRAPHY

2016

D. 감독
C. 캐릭터

평행소설 단편
D. 최승현, 고민시
C. 여자

72초TV 웹드라마
D. 72초TV
C. 기억녀 등

2017

엽기적인 그녀 SBS
D. 오진석
C. 선경

완전무결, 그놈 웹드라마
D. 장의순
C. 유해나

청춘시대 2 JTBC
D. 이태곤, 김상호
C. 오하나

멜로홀릭 OCN
D. 송현욱
C. 주여진

2018

으라차차 와이키키 JTBC
D. 이창민
C. 이민아

라이브 tvN
D. 김규태
C. 오송이

치즈인더트랩
D. 김제영
C. 여후배

마녀
D. 박훈정
C. 도명희

잊혀진 계절 KBS 드라마 스페셜
D. 김민태
C. 최지영

**하늘에서 내리는
일억개의 별** tvN
D. 유제원
C. 임유리

2019

봉오동 전투
D. 원신연
C. 이화자

좋아하면 울리는 NETFLIX
D. 이나정
C. 박굴미

시크릿 부티크 SBS
D. 박형기
C. 이현지

2020

고백하지 않는
이유 KBS 드라마 스페셜
D. 홍은미
C. 서윤찬

스위트홈 NETFLIX
D. 이응복
C. 이은유

세트플레이
D. 문승욱
C. 김유선

2021

좋아하면 울리는
시즌 2 NETFLIX
D. 김진우
C. 박굴미

오월의 청춘 KBS
D. 송민엽, 이대경
C. 김명희

지리산 tvN
D. 이응복
C. 이다원

2022

헤어질 결심
D. 박찬욱
C. 무녀

2024

스위트홈 시즌 3 NETFLIX
D. 이응복, 박소현
C. 이은유

**아무도 없는
숲속에서** NETFLIX
D. 모완일
C. 유성아

2023

밀수
D. 류승완
C. 고옥분

스위트홈 시즌 2 NETFLIX
D. 이응복, 박소현
C. 이은유

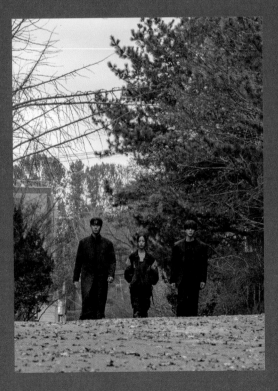

ABOUT

이름 고민시. 높을 고高, 하늘 민롯, 볼 시視. 높은 곳에서 하늘을 바라보라는 뜻이에요. 이름은 작명소에서 받고 '예담'이라는 호는 스님이 지어주셨어요. 원래 이름이 저랑 맞지 않는다고 해서 중학교 3학년 때 바꿨어요. 그때까지 꽤 허약한 아이였는데 이름을 바꾼 이후에는 신기하게 아픈 게 사라졌어요.

생일 1995년 2월 15일
혈액형 AB형
MBTI INFJ

태몽 연못에 파란 물고기가 있었는데, 갑자기 아파트 몇 층 높이까지 뛰어오르더니 엄마에게 탁 안겼대요.

돌잔치 때 잡은 것 연필

학교 대전 와동초등학교 병설유치원– 와동초등학교–중리중학교– 예일미용고등학교

고민시 101

고민시 어린이는 집에서 웃으면서 호빵을 맛있게 먹다가도 인형을 안 사준다고 갑자기 펑펑 우는, 감정 변화가 아주 큰 아이였대요. 초등학교 2학년 때까지 너무 말라서 엄마가 한약을 먹였는데, 그때부터 밥을 막 두세 그릇씩 먹기 시작하더니 6학년 때는 엄청 포동포동한 어린이가 되었죠.

공포 영화를 좋아했어요. 빌려 보는 비디오도 죄다 공포 영화였죠. 〈아파트〉 〈폰〉, 엄정화 선배님이 주연한 〈오로라 공주〉도 무섭고 충격적이었어요. 지금 생각해 보면 엄마도 무서운 걸 좋아하셔서 〈전설의 고향〉이나 〈추적 60분〉 같은 TV 프로를 늘 틀어놓으셨는데, 아주 어릴 때는 거기서 나오는 소리가 무서워서 이불 속으로 숨었던 기억이 있어요.

ABOUT

박해일 선배님의 영화
〈국화꽃 향기〉에서 인하(박해일)가
희재(장진영)가 좋아하는 요거트를
대문 앞에 잔뜩 쌓아둔 장면을 특히
좋아해요. 그때 흐르던 성시경의
'희재'도 평소에 가장 많이 들어요.

〈스위트홈〉 은유의 최애곡은 빌리 아일리시의
'Ocean Eyes'였어요. 가사가 어쩐지 현수(송강)의
이야기 같았거든요. 그 노래를 촬영 내내 맨날 들어서
어디선가 'Ocean Eyes'가 흘러나오면 〈스위트홈〉
시즌 1을 찍던 그해 겨울이 생각나요.

첫 영화 〈마녀〉의 무대 인사 때를 잊을 수
없어요. 관객이 600석 가까운 CGV IMAX
용산아이파크몰을 꽉 메워주셨거든요. 다 같이
사진 찍기 전에 문득 뒤를 돌아봤는데 관객이 모두
핸드폰 플래시를 켜서 들고 계셨어요. 정말로 별들이
반짝반짝 빛나는 느낌, 무척 감동적인 기억이죠.

여행을 좋아해요. 혼자 처음 여행 간 곳은 뉴욕.

영어 이름은 벨라. 사실 저만의 이름이랍니다. 아직 한 번도 써본 적은 없어요.

버블 프로필 사진은 독일 베를린으로 여행 갔을 때 포토 부스photoautomat에서 찍은 거예요. 〈오월의 청춘〉의 명희가 가고 싶어 한 도시. 그런데 제가 저주받은 '날씨 요정'이라 어딜 가도 비가 오거나 눈이 내리거든요. 〈봉오동 전투〉 때는 아예 눈 오는 설정으로 바꿔버릴 정도였죠. 베를린 여행 때도 내내 비바람을 맞으면서 다녔어요. 따뜻한 계절에 다시 가보고 싶어요.

대본은 문장이 아니라 머릿속에 그림 그리듯이 외워요. 대사를 보면 어떤 이미지가 그려져요.

웃기려고 웃기는 것들은 별로 안 웃겨요. 유머는 진지할 때 나오는 게 제일 좋다고 생각해요. 블랙코미디를 좋아하고 말장난은 별로 좋아하지 않아요.

멀티태스킹이 안 되는 스타일이에요. 그래서 저는 한 번에 딱 하나만 해요. 그리고 오래 걸려요. 결과적으로는 엄청 빠릿빠릿해 보이지만 그 전에 혼자 수많은 시간 동안 시뮬레이션을 돌려야 그 상태에 이를 수 있는 사람이에요.

말보다 행동이 더 중요하다고 생각해요. 말을 최대한 아끼고 그냥 행동으로 다 보여주면 언젠가는 인정받는다는 믿음을 가지고 있어요.

ABOUT

〈서진이네 2〉 촬영장은 여기가 아이슬란드인지 드라마 세트장인지 모르겠다 싶을 정도로 주방에만 있었어요. 체력적으로 너무 힘들어서 상하체가 따로 분리되는 듯한 느낌이 들더라고요. 그 반면에 정신적으로는 쓸데없는 생각이 사라지고, 핸드폰 볼 시간도 없으니까 자연스럽게 디지털 디톡스가 되었죠. 원래 불면증이 심하고 꿈도 많이 꾸는데 매일 기절하듯이 잤어요. 당근과 애호박을 미친 듯이 썰던 일과 온몸에 짙게 배었던 불 향만 기억나요. 그런데 우습게도 한국으로 돌아오는 비행기에서 기내식으로 나오는 비빔밥의 재료를 분석하고 있는 저를 발견했어요. 집에 오니 습관처럼 요리를 또 하게 되고요. 다시는 채칼질을 안 하려고 했는데! 요리가 무척 재밌기도 하고, 되도록이면 간단하게라도 직접 해서 먹으려고 해요. 오롯이 나를 위해 정성 가득한 식사를 차려서 먹는 일이 굉장히 중요하다고 느껴요.

음식은 진짜 못 먹는 게 없어요. 홍어 삭힌 것도 먹고 생간도 먹고. 가리지 않고 다 잘 먹어요. 빵도 진짜 좋아하는데 한편으로는 딱 할매 입맛이에요. '명감탱이'(〈오월의 청춘〉에서 희태가 명희에게 붙여준 별명) 같은 면이 제게도 있죠. 정월대보름에는 무조건 나물에 찰밥이나 약밥을 챙겨 먹어요. 속이 든든하고 꽉 채워지는 느낌이 들거든요. 구황작물도 다 좋고 홍시도 좋아해요.

단독주택에서 살고 싶어요. 언젠가는. 아파트보다는 땅이 있고 나무도 있고 그런 곳이 좋아요. 자개장 같은 것도 너무 예쁘고. 얼마 전에 당근 라페를 만들려고 썰어놓은 당근을 대나무 채반에 담았는데 세상에 당근이 이렇게 예뻐 보일 일이야, 했어요. 할머니가 쓸 것 같은 그런 전통적인 소품에 어쩐지 마음이 편안해져요.

등산을 원래는 좋아했어요. 다이어트 목적도 있지만 '여기까지 올라왔어!' 하는, 뭔가 해냈다는 기분이 들죠. 사실 제가 고소공포증 되게 심해서 산 정상에서 아래를 보면 엄청 무섭거든요. 하지만 지금까지 무서웠던 건 아무것도 아니구나, 더 열심히 살아야지 하며 울컥하기도 해요. 〈스위트홈〉을 찍으면서 (이)시영 언니와 친해졌는데, 같이 100대 명산을 깨보자는 말에 겁도 없이 따라나섰다가 죽는 줄 알았어요. 시영 언니는 말도 못 하게 빠르거든요. 게다가 길도 정비되지 않은 험한 야산도 척척 올라가요. 저는 그 뒤를 쫓아가다 무릎이 아예 나가버려서 이만 하산하겠습니다 하고 등산을 끊었죠. 그런데 다음 작품이 〈지리산〉이라니!

지리산은 기운이 남다른 산이에요. 여름에 정상 한가운데 서면 진짜 뜨거워요. 물론 모든 산이 그렇겠지만요. 한데 지리산은 유독 다른 느낌이었어요. 바로 위에 떠 있는 태양 때문에 정수리가 뚫리는 느낌이 들죠. 정신이 아득하고 몸이 축축 처지면서 태양의 기운이 나를 집어삼키는 기분이 들 정도예요.

2024년 1월 1일에는 스카이다이빙을 했어요. 제 오랜 버킷 리스트 중 하나였죠. 눈 질끈 감고 한번 도전해 보고 싶었어요. 올라가기 전에 사망 동의서를 쓰는데 기분이 되게 이상하더라고요. 내 돈 내고 이게 무슨 미친 짓이지? 내가 지금 뭘 하고 있는 거지? 이런 생각도 잠시 했지만, 헬리콥터 타고 올라갈 때까지도 나 생각보다 꽤 침착한 사람인데 하며 의기양양했어요. 그런데 막상 문이 열리고 바람이 확 들어오니까 아무 소리도 들리지 않고 엄청 무섭더라고요. 어떡해, 어떡해, 어떡해, 아악! 하고 떠밀리듯 뛰었어요. 그 순간 한 2초 정도 숨이 멈춰졌어요. 압력이 어마어마하게 세거든요. 촬영해 주시는데 손 하트는커녕 미소도 못 짓겠더라고요. 살가죽도 떨리고. 그러다가 순간 낙하산이 팡 하고 펴지면서 몇 초 동안 구름을 뚫고 내려갔어요. 사방이 온통 새하얀데, 마치 다른 차원으로 빨려 들어가는 것 같으면서 세상에 태어날 때 지나온 통로를 통과하는 느낌이 들었어요. 그것도 잠시 구름을 벗어나면서 눈앞에 진짜 세상이 짝 펼쳐지는데… 광활한 대지며 자연이… 그냥 황홀했어요. 너무 벅차서 눈물이 줄줄 나는데 그 눈물이 실시간으로 날아가버려요. 너무 아름답다.

대자연 앞에서 나는 아주 작은 존재다. 정말 내가 아무것도 아니라는 걸 깨달았죠. 그리고 보고 싶은 얼굴들이 죄다 떠올랐어요. 스카이다이빙을 해냈다는 그 이유 하나만으로 올해는 뭐든 할 수 있다는 자신감을 얻었죠.

ABOUT 27

FACES

1. 도명희

〈마녀〉, 2018

명희는 최고의 친구다. 북성슈퍼 앞 버스 정류장에서 헤어 롤러를 말고 셀피를 찍던 명희는 자윤(김다미)이 다가와도 쳐다보지도 않은 채 잔소리를 시작한다. "야, 너 또 어제 트럭 몰았다며…." 하지만 안 봐도 상관없다. 명희는 자윤에 대해 모르는 게 없으니까. 천연덕스러운 충청도 사투리에 "졸라" "씨발" "이년아"를 문장마다 추임새처럼 넣는 여고생 명희는 거친 언변의 소유자다. "공사가 분명하신 양반"인 경찰의 딸로 소소하게 "교재값"도 "삥땅"하고 데이트하느라 친구 집에서 잔다는 거짓말도 수시로 하지만 기본적으로 다정한 딸이자 살가운 친구다.

명희는 매사에 "철저한 준비성"으로 임하고 "시의적절한" 선택을 할 줄 아는 자신이 "센스가 짱"이라고 믿는다. 그런 "전문가적인 시선과 삘"로 자윤에게 상금 5억 원이 걸린 서바이벌 오디션 프로그램 〈스타 탄생〉에 나가보라고 권유한다. 그리고 그렇게 참여한 오디션에서 자윤은 최고점을 받아낸다. "이 언니 말을 들으면 자다가도 떡이 나와요, 떡이." 명희는 자윤의 스타성을 제일 먼저 알아본 스카우터 자질과 함께 "세상이 워낙 험하니까" 계약서를 미리 써놓는 게 어떠냐며 "수입은 5대 5"로 "원래 다 처음을 그렇게 하는 거"라며 슬쩍 통쳐보는 에이전트의 현실 감각도 지니고 있다. 이와 동시에 허약한 친구를 위해 가방도 대신 들어주고, 뛰어가면서 메이크업까지 챙기는 "천상 매니저 체질"에다 자윤의 부모님에게 "서울에 있는 큰 기획사, 엔톤-테인트-먼트"처럼 "팬클럽" 관리와 "피플 파워"가 중요하다고 밥풀 튀겨가며 설명하는 인본주의 관리자의 덕목도 갖추고 있다.

하지만 명희도 모르는 사실이 있다. 사실 자윤은 평범한 인간일 수 없다. 자윤이 한밤의 침입자들을 무시무시한 힘으로 진압하고 집 안을 피바다로 만들어버리는 장면을 눈앞에서 목격한 명희는 놀라움과 두려움에 살짝 움츠러든다. 그의 몸이 떨리는 것은 칼로 위협당한 후 목에서 흘러내리는 피 때문이 아니다. 하지만 명희는 떨림을 참아가며 끝까지 친구를 변호한다. "뭐가요?… 내 친구가 뭐가 이상하다고… 하나도 안 이상하거든요."

상처를 치료하기 위해 입원한 명희는 병원 복도에 멍하니 앉아 있다. 어쩐지 누군가 스쳐 지나간 것 같은 공기를 느낀다. 아니나 다를까. 자윤이 창문 너머에서 손을 흔들고 있다. "하여간에 저년 저거…." 아마 상상조차 할 수 없는 먼 길을 떠나게 될 친구를 내려다보며 명희는 안타까운 손 인사를 전한다. "얼른 갔다 와, 이년아." 이제 '마녀'는 돌아올 수 없는 길을 떠난다. 하지만 명희의 "베프"가 돌아올 곳은 언제나 여기에 있다.

FACES

고민시가 쓴 〈마녀〉

"어떻게 해! 나… 주인공 됐나 봐!"

수많은 드라마와 영화 오디션을 보고 매번 떨어지며 시련의 내성을 길러가던 스물셋의 고민시가 무려 4차에 걸친 영화 〈마녀〉 오디션에 합격했다는 연락을 받은 직후, 어떤 역할인지도 모른 채 내뱉은 첫마디였다. 맞다. 나의 깜찍한 착각이었던 것이다.

　　2017년 여름, 아직은 '배우 고민시'라고 이야기하는 게 마냥 어색하기만 했던 나는 여느 때와 다름없이 오디션을 보았고, 1차에 붙었다는 연락을 받았을 때는 그저 우연이라고 생각했다. 2차 오디션에 붙었을 때는 운이 좋았다고 생각했다. 큰 기대는 없었다. 이유는 간단하다. 난 맨날 최종에서 떨어졌으니까.

'절 붙이실 리가 없잖아요… 설마?' 그러다 3차도 통과했을 때는 나도 모르게 기대하고 있는 자신을 발견했다. '설마… 진짜로 절 붙이실 건가요?'

붙어버렸다. 몇 달에 걸쳐 4차까지 이어진 오디션은 수많은 머리카락을 앗아갔지만, 최종 오디션의 허들을 넘은 후에는 그 모든 고통의 시간을 감싸안을 수 있었다. 비가 거세게 내리는 날, 시나리오를 받으러 가던 순간이 생생하게 기억난다. 비가 쏟아져도 온 세상이 아름다워 보였다. (난 비를 좋아하지 않는다. 그러나 그날은 아마 폭풍이 몰아쳐도 행복했을 것이다.) "너한테 딱 어울리는 캐릭터를 줄 거야." 대본을 건네며 박훈정 감독님이 말씀하셨다. '아… 잠시만…? 나 주인공이 아니구나. 그렇다면 무슨 역할인 거지?'

"대본을 읽어보면 알겠지만 자윤이 친구 명희라고 있어. 우리 영화에서 명희 대사가 제일 많아. 그러니까 네가 아주 잘해줘야 해. 할 수 있겠어?"

그때까지 영화에 대해 내가 아는 정보라고는 제목뿐이었다. 듣다 보니 자윤이라는 캐릭터가 주인공인 듯했다. 나는 어쩌다 친구 명희가 된 건지(사실 감독님은 처음부터 나를 자윤이 아닌 명희로 생각했다고 한다), 명희는 왜 대사가 많은 건지, 도통 감도 잡히지 않고 궁금한 것투성이였지만 무조건 잘해버리겠노라 다짐하며 말했다.

"할 수 있어요!"

35   **FACES**

집에 돌아와 대본을 다 읽어보곤 한 30분간 멍하니 있었다. 그 이후 명희와 함께한 모든 시간은 내 배우 인생에서 가장 순수하고 찬란한 시절로 기억될 것이다. 무한한 행복에 푹 빠져 설레는 마음으로 준비하고 연기했다. 대사 연습이 너무 재밌고 신나서 어딜 가든 항상 대본을 들고 다녔다. 하루도 빠짐없이 머리맡에 두고 잠이 들 정도로 대본을 사랑했다.

아뿔싸. 첫 촬영 당일에 눈에 다래끼가 나기도 했다. 그토록 사랑을 퍼 담아 준비했는데, 불청객이 찾아오다니 말도 못하게 속상했다. (버스 장면을 자세히 보면 유난히 한쪽 눈만 메이크업이 진하다.) 그렇게 첫 촬영은 천방지축으로 시작했지만, 다이어트는커녕 오히려 살을 찌워야 했던 명희였기에 매일 맛있는 밥차의 음식과 간식을 실컷 먹으며 매 순간 행복하게 촬영했다. 한없이 부족한 나의 연기는 무엇이든 맘껏 펼칠 수 있도록 도와주신 감독님 덕에, 절대적 배려와 다정함을 베풀어주신 스태프들 덕에 그리고 자유의 그 자체였던 (김)다미 덕에 채워갈 수 있었다. 나날이 명희를 점점 더 사랑하게 되었고, 시나리오를 처음 받던 날 주인공이 아니라는 사실에 잠깐 실망스러운 마음을 품은 것이 미안해졌다. 너를 안 만났으면 어쩔 뻔했을까. 도명희, 나에게만큼은 〈마녀〉의 주인공은 바로 너야!

37   **FACES**

2. 임유리

〈하늘에서 내리는 일억개의 별〉, 2018

유리는 붕괴 직전이다. 불안하면 손톱을 물어뜯고 목뒤를 강박적으로 긁는 그의 손목에는 스스로를 미워한 흔적이 가득하다. 망사 스타킹만큼이나 구멍이 여기저기 뚫려 있는 마음과 검게 칠한 매니큐어 색 같은 지옥 속에서 유리는 살아간다. "선생님, 저 약 주세요… 약 달라고 약!" 이어지는 불면증과 불안으로 의사 경모(유재명)가 처방해 주는 약에 의존하면서도 그에게 모질게 구는 이유가 있다. 경모는 어린 시절부터 정신과 치료를 받은 유리를 '부유한 가정의 미운 오리 새끼'이자 '보이지 않는 소녀'로 책에 소개했다. 유리는 경모가 "책 팔아먹으려" 자신의 아픈 곳을 긁어냈다고 오해한다. "당신이 내 인생을 망쳤어." 유리에게 남은 것은 위악과 짜증밖에 없다.

산부인과 원장의 막내딸로 태어난 유리는 아홉 살 되던 해 봄, 처음 자살을 시도했다. 진통제 한 통을 다 털어 넣고 사경을 헤매다 겨우 살아난 아이는 그때부터 입을 닫고 살았다. 의사 경모에게 처음 한 말이 "선생님은 내가 보여요? 엄마는 내가 안 보여요"다. 자신을 없는 존재 취급하며 사랑도 관심도 주지 않은 어머니 때문에 생긴 트라우마는 성인이 된 이후에도 지속되었다. "당신도 그 여자도 다 죽어버렸으면 좋겠어." 어머니에 대한 미움과 분노는 결국 스스로에게 생채기를 내는 방식으로 발현되었다.

"뭘라고? 나랑 놀자. 나 되게 재밌어." 여느 때처럼 옥상 난간에 당장이라도 떨어질 듯 위태롭게 서 있는 유리를 향해 무영(서인국)이 손을 뻗는다. 그 손을 잡은 이후 유리는 달라졌다. 잠들 수 없는 밤마다 찾던 수면제를 바로 끊었다. 유리에게 무영은 하루 종일 지켜봐도 좋은 사람이었다. 자신이 "서른 살이나 먹은 늙다리"를 좋아할 리 없다고 부정하지만 그 마음은 투명하게 보인다. 유리는 거짓말을 못 하는 사람이기 때문이다. 어쩌면 지독한 약물중독이 다른 중독으로 옮겨간 것인지도 모른다. 그러나 어느 날부터 무영이 한 번도 본 적 없는 눈으로 다른 사람을 보고 있다. "걔랑 나랑 물에 빠지면 오빠가 누굴 구할 것 같은데?" 이 말은 질투보다는 이 사람이 이제 내 손을 놓을지도 모른다는 불안의 표현에 가깝다.

유리는 다시 옥상 위에 선다. 삶의 의미를 잃어버린 유리는 미련 없이 낙하한다. 하지만 그의 뒤를 쫓던 형사 진국(박성웅)은 유리를 끝까지 '본다'. 그리고 함께 떨어진다. 처음이다. 자신을 정말로 봐준 사람은. 이 상처 입은 영혼에게 필요한 건 그 단 하나의 시선이었다. 혹시 다시 잘못된 선택을 할까 봐 걱정하는 진국에게 유리는 대답한다. "안 죽어요." 안심해도 좋다. 유리는 거짓말을 못 하는 사람이니까.

FACES

고민시가 쓴
〈하늘에서 내리는 일억개의 별〉

2018년의 나는 그늘진 모습을 보여주고 싶은 갈증으로 마구 일렁이고 있었다. 보통 오디션에 가면 대부분 밝은 이미지만을 봐주셨다. 괜스레 청개구리 심보가 발동한 그때는, 그런 시선이 몹시 싫었다. 왜 나의 은밀하고 깊은 곳까지 바라봐주려 하지 않는지 답답했다. 그래서 내가 가진 또 다른 모습을 발견하고 선택해 주신 〈하늘에서 내리는 일억개의 별〉의 유제원 감독님께 더욱 감사드린다.

　　당시에는 매일 영화를 찾아서 보는 게 낙이었다. 예전엔 관심 없는 장르는 아예 보지도 않던 내가 영화나 드라마를 편식하지 않고 보기 시작했다. 장르 불문하고 찾아낸 옛날 영화들에 푹 빠져 살았다. 〈이브의 모든 것〉〈첨밀밀〉〈펄프 픽션〉〈바그다드 카페〉〈어느 가족〉〈안녕, 나의 소울메이트〉〈가타카〉〈멜랑콜리아〉 그리고 유제원 감독님이 추천해 주신 〈펀치 드렁크 러브〉〈더 울프 오브 월 스트리트〉〈아노말리사〉. 그때 알았다. 나는 무엇 하나에 빠지면 끝까지 빠져버리는 사람이란 걸.

41   **FACES**

공교롭게 이름도 유리구나. 나는 매번 깨지기 쉬운 유리처럼 아슬아슬한 감정선을 가진 인물에 유난히 시선을 빼앗긴다. 이건 배우로서도 관객으로서도 비슷하다. 하지만 좋아하고 잘해내고 싶었던 만큼 부족함의 크기도 컸구나 싶어 아쉬운 마음도 남아 있다.

그런 순간에는 꼭 이 문장이 떠오르더라. (내가 좋아하는 책의 제목이자 그 책에 나오는 문장이다.) '지금 알고 있는 걸 그때도 알았더라면.' 훌륭한 원작의 리메이크 작품 속 매력적인 캐릭터를 연기할 수 있었다는 사실에 의미를!

망사 스타킹, 검은색 매니큐어, 목에 있는 타투까지도. 현실에는 유리 같은 친구들이 더 많이 존재하지 않을까? 사람들이 더 이상 마음을 닫고 살지 않았으면 좋겠다. 모두 외롭지 않길.

FACES

3. 이현지

〈시크릿 부티크〉, 2019

현지는 바둑 기사다. 12년의 기원 연구생 수련을 거치며 매일 열두 시간씩, 아마추어 바둑 기사로 4년간 매일 여덟 시간씩 쌓아온 '바둑의 시간'은 그에게 남다른 인내심과 통찰력을 가져다주었다. 그러던 어느 날 사명감 넘치는 경찰이던 엄마 주현(장영남)이 사라진다. 주현의 실종 배후에 거대한 힘이 움직이고 있음을 감지한 현지는 홀로 고군분투하며 엄마의 흔적을 찾아 나선다. 그런 현지 앞에 장도영(김선아)이 나타난다. 본명보다 정재계의 검은 비밀을 무기로 권력과 지위를 확장하는 '제니 장'으로 불리는 이 여자는 현지의 강직한 담력과 상대의 "미묘한 흐름"까지 파악하고 패를 읽어내는 남다른 능력을 알아본다. 그리고 국내 최강 기업 데오그룹 실세인 김여옥(장미희)을 무너트리려는 자신의 원대한 계획에 동조자가 되어줄 것을 제안한다.

"바둑판 위에는 361개의 교차로가 있다. 살아남기 위해 매 순간 선택해야 하는 길. 나는 이제 어느 길로 가야 할까?" 현지는 이전에 한 번도 들어선 적 없는 새로운 교차로 위에 선다. 제니 장이 자신을 어떤 카드로 사용할지는 알 수 없다. 언제라도 버려질 위험도 도사리고 있다. 하지만 지금은 그의 손을 잡는 것이 사라진 엄마를 찾을 수 있는 유일한 방법이라는 것을 안다. 호랑이를 피할 수 없다면 호랑이 등에 올라타야 한다.

현지는 "물러날 곳이 없다"는 판단이 들면 "정면 승부"를 택하는 플레이어다. 처리해야 할 일이 있으면 두려움도 접어둔다. 그리고 결심한다. 가로 42cm, 세로 45cm의 바둑판 위가 아니라 그 넓이와 깊이를 가늠할 수 없는 제니 장의 세상으로 이동해 보기로. 그렇게 엄마의 사고 이후 멈춘 손목시계를 간직하던 현지의 시간은 제니 장과 함께 다시 작동하기 시작한다.

어떤 교차로에서는 살인미수 피의자가 되기도 하고, 또 다른 교차로에서는 국제도시 사업에 개입한 산업스파이의 길을 가기도 한다. "아무것도 아닌 인생"보다 "성가신 존재"가 되는 바둑돌을 집어 들기도 하고, "얼마나 괴로울지" 몰라도 "어디 한번 끝까지 가보자"는 사생결단의 집을 짓기도 한다. 이토록 치열한 전투 바둑판 위에서 "생생하게 살아 있는 바둑 기사"였던 현지는 김여옥의 말대로 "흙이든 구정물이든 묻힐" 준비가 되어 있는 사람으로 서서히 변모해 간다.

하지만 현지는 제니 장과 김여옥이 펼치는 대결의 결정적 바둑돌이 아니었다. 이 대국은 처음부터 현지와 세상의 승부였다. 그리고 현지는 지지 않았다. 여전히 "진행형"인 삶의 바둑판 위에서 치열했던 지난 대국을 복기하며 그는 이제 "멈춰버린 과거"가 아니라 다가올 미래를 향해 새로운 돌을 집어 든다.

FACES

고민시가 쓴 〈시크릿 부티크〉

〈시크릿 부티크〉 속 내 얼굴을 참 좋아했더랬지. 수수한 얼굴, 대충 막 묶은 헤어스타일, 전혀 신경 쓰지 않은 옷차림새. 여러 모로 '없어 보임'이 이곳저곳에서 다양하게 풍길수록 더 좋았다. 난 나의 '빈티'가 좋다.

〈시크릿 부티크〉는 이현지라는 캐릭터도 매력적이지만, 감독님과 스태프들, 선배님들이 그 이상으로 매력적인 현장이었다. 그때는 몰랐지만 지금 생각해 보면 〈시크릿 부티크〉의 현장 분위기는 아주 선했다. 어쩌면 그렇게 한 분 한 분 다 착하고 멋있을까? 박형기 감독님도 그랬다. 쑥스러움을 많이 타는 덩치 큰 곰돌이 같지만 현장의 든든한 지휘자였다. 처음부터 날 믿고 이현지라는 캐릭터를 맡겨주었고, 현장에서도 늘 믿음으로 나의 연기를 바라봐주셨다. 이 얼마나 감사한 일인가. 촬영장에 가는 게 너무 재미있던 기억이 난다. 촬영을 준비하는 동안 스태프들과 나누는 이런저런 소소한 대화들이 나에게 에너지를 불어넣고 나를 활기차게 만들어주었다. (김)선아 선배님과 촬영하는 날이면 설레던 일도 향기로운 기억으로 내 속에 간직돼 있다. 선배님은 애교도 많아 지켜보고 있으면 기분까지 좋아졌다. 그때 만난 소중하고 고마운 인연들, 가끔 연락하며 안부를 묻고, 다른 현장에서 만날 때면 반갑기 그지없다.

그리고 무엇보다 〈시크릿 부티크〉를 떠올리면 절대 빼놓을 수 없는 사람이 있다. 바로 나의 매니저 대니! (교포도 아니고 본명도 아니다. 하지만 우리 모두 그를 그렇게 부른다.) 이 드라마는 대니가 처음으로 출근한 현장이자 우리의 인연이 시작된 작품이다. 낯을 심히 가리고, 말수도 적은 동갑내기 매니저가 현장에서 급히 찾는다며 화장실에 가던 나를 불러 세우며 처음으로 부른 호칭은 "저… 저기요!"였다.

매니저 경험이 전무하다 보니 운전할 때 내비게이션도 잘 못 보고 촬영 현장의 진행 방식도 잘 몰랐을 거다. 내 딴에 친해지고 싶은 마음에 일부러 말도 붙이고 이런저런 질문을 해보아도 돌아오는 것은 짧은 대답이 기본, 포커페이스는 보너스였다. 나는 아마도 곧 새로운 매니저로 바뀌겠구나 하는 생각에 애당초 마음을 비웠다. 그러나 빠르게 일을 배우고 하루가 다르게 성장하는 대니를 지켜보며 놀라울 따름이었다. 여전히 표정도 없고 말수도 적지만, 대니를 보며 나도 많은 것을 배운다. '말보다 행동'이라는 표현을 인간으로 빚는다면 대니가 아닐까 싶을 정도다. 말을 아끼고 몸소 실천하는 것의 중요성을, 역시나 말이 아닌 대니의 행동을 옆에서 지켜보며 배웠다.

사실 나라고 현장에 대해 잘 알았을까. 연기를 시작한 지도, 데뷔한 지도 몇 년 안 되었으니 온통 모르는 것투성이였다. 결국 해내지 못하는 것이 많아 속상한 적도 있었다. 당시 나와 함께 현장에 있었던 메이크업과 스타일링 담당 스태프들 역시 내 또래였다. 우리 모두 처음엔 서툴고 매일같이 실수투성이였다. 그러던 어느 날 문득 깨달았다. 드라마 촬영 후반부 무렵이었을 것이다. 어느 순간 바라보니 우리 모두 프로 그 자체가 되어 있었다. 다들 한없이 대단하고 멋있어서 감격했던 순간이 기억난다.

어느덧 그로부터 5년이라는 시간이 흐른 2024년. 대니는 벌써 5년째 나의 하나뿐인 매니저로 함께하고 있다. 메이크업과 스타일링 스태프로 출장 왔던 친구들 역시 훌쩍 더 성장한 위치에서 여전히 멋지게 활약하고 있다.

〈시크릿 부티크〉는 처음으로 비중이 큰 역할을 맡아 공중파 드라마에서 연기를 펼칠 수 있었던 영광스러운 작품이다. 바둑돌을 집고 바둑판 위에 올리는 법까지, 처음으로 역할을 위해 무언가를 배워야 했다. 그리고 그 피나는 노력은 내게 신인상을 안겨주었다. 그 시간은 결과보다 무언가를 이뤄가는 과정이 얼마나 소중하고 값진 것인지를 알게 해주었다. 앞으로 더 많은 과정을 잘 담을 수 있게 커다란 주머니를 선물해 준 작품이기도 하다.

나는 이 주머니를 복주머니라고 생각한다. 그리고 〈시크릿 부티크〉 촬영 현장을 생각하면 왠지 모르게 아카시아 향이 떠오른다. 내게 〈시크릿 부티크〉 팀의 모든 분이 그런 향으로 남은 듯하다.

4. 이은유

〈스위트홈〉, 2020

은유는 발레리나다. 초록은 없지만 이름만은 '그린홈'인 아파트에서 오빠지만 피는 섞이지 않은 이은혁(이도현)과 살고 있다. 그의 세계는 모순으로 가득하다. 분홍색 토슈즈와 껌 붙은 시멘트 바닥이 어울리지 않는 것처럼 소녀의 동그랗고 도톰한 입술이 내뱉는 각지고 날카로운 말들은 예상 밖이다. 교복 치마 아래 체육복 바지를 껴입고 만화책『후레자식』을 읽으며 '후레자식'이 쓸 법한 말만 한다. "너 같은 새끼는 퍽유가 최고야." 희고 예쁜 손가락은 하트 모양을 그리는 대신 현란하게 움직이며 손가락 욕을 날린다. 그러던 어느 날 괴생명체들이 나타난다. 아파트 입구가 봉쇄된다. 통신이 먹통이 되고 국가비상사태가 선포된다. 은혁의 말대로 "세상이 드디어 멸망이라도 하려나" 싶다.

은유는 타인에 대한 연민을 좀처럼 드러내지 않는다. "괴물이 나타나잖아? 그러면 우리 싹 다 죽는 거야" 시니컬한 10대의 뇌는 좀처럼 긍정 회로가 돌지 않는다. 절망적인 상황에서 감상에 빠지는 것도 견디지 못한다. 누가 봐도 "싸가지 없는" 은유는 자기 연민도 없다. 발을 다쳐 평생 해온 발레를 더 이상 할 수 없게 되었을 때도 벽에 걸어놓은 발레복을 커터칼로 쭉쭉 찢어버릴 뿐이다.

"사망신고 먼저 해! 숨 막혀 뒈져버릴 것 같으니까!" 하지만 언제라도 떠날 준비가 된 은유는 정작 누구도 먼저 버리지 않는다. "여기서 죽지 마." 자살하려던 현수(송강)를 다시 집으로 돌려보낸 것도, 은혁의 부러진 안경다리를 이어준 것도, 지수(박규영)와 끝까지 살아남겠다고 다짐하는 사람도 은유다. "현수를 팔아먹자"는 다수의 의견도 절대 받아들이지 않는다. '버려, 너를 위해 그리고 우리를 위해서.' 결코 발화되지 않은 손가락 약속은 현수의 몸과 마음을 치유한다.

"나도 내가 어디까지 미칠지 몰라." 남은 생존자들과 함께 그린홈을 떠난 은유는 더 이상 철없는 여고생이 아니다. 긴 머리를 싹둑 자르고 은혁도 현수도 없는 세상에서 시니컬한 말 대신 적극적인 움직임으로 생존해 나간다. "다행이다. 버티고 있었어. 안 죽고." 어느덧 은유는 배고픈 길고양이에게 몰래 먹이를 주는 사람이 되어 있다. 누군가 묶어놓은 붉은 매듭을 따라 미확인 구역을 혼자 수색하는 은유는 "나를 지켜주는 뭔가가 있다"는 걸 느끼고 있다. 그 '뭔가'가 혹시 괴물로 변해 있을지라도 한 번만 눈앞에 나타나주길 바란다. 마침내 모습을 드러낸 현수가 괴물로 변해 자신을 위협할 때도 도망가기보다 한 발 더 가까이 다가선다. 은유는 그 누구도 "그냥 잊혀지게" 두지 않을 사람이다. 그리고 잊히지 않은 것들은 반드시 다시 돌아온다.

FACES

고민시가 쓴 〈스위트홈〉

건물 옥상에서 발레를 하며 등장하는 〈스위트홈〉의 첫 장면은 나의 필모그래피 중 가장 예쁜 등장 신이 아닐까? 아마 2019년부터 서서히 시작되었을 것이다. 나의 신체를 타의로 혹은 억지로가 아니라 스스로 깨우게 된 순간이. 이전과 다르게 몸을 쓰고 싶었다. 더 움직이고 더 자유롭고 싶었다.

이때 쓴 일기를 보면 난 우울의 정점을 향해 전속력으로 내달리고 있다. 무엇 때문에 힘든지 구체적으로 쓰여 있지 않아 이유를 명확히 알 순 없다. 일정한 패턴이 사이클처럼 돌고 돌아 뜨거운 태양 빛이 내리쬐는 매년 여름이 오면, 늘 힘들거나 괴롭거나 혼란스러웠다. 인간의 삶과 소멸에 대해 끊임없이 생각했다. 이 우울의 굴레에서 벗어나려 발버둥 치다 만난 것이 요가였다. 새벽에 요가를 수련하며 마음의 안정을 상당히 찾을 수 있었다. 내가 원해서, 능동적으로, 나의 신체를 깨우는 가운데 처음으로 나 자신을 오롯이 바라봐주던 시기였다. 그러다 이름도 예쁜 〈스위트홈〉을 만나 토슈즈를 신고 달콤한 춤을 추게 되었다. 2019년의 고민시다.

〈스위트홈〉 오디션을 보던 날, 뻔뻔하게 연기하던 나를 기억한다. 넷플릭스라는 플랫폼이 한없이 어색하던, 이렇게 말하는 것조차 지금은 너무나 이상하지만, 때가 있었다니! 어쨌건 그땐 몰랐지. 넷플릭스를 통해 전 세계에 나의 이름을 널리 알리게 될 줄은.

드라마 〈좋아하면 울리는〉으로 한 차례 만났던 송강 배우를 오디션 장소에서 또 마주치고는 서로 네가 왜 여기 있느냐며 놀라기도 했다. 결국 우리는 다시 같은 작품을 촬영하며 함께 산전수전을 겪고, 시즌 3까지 이어지며 서로의 얼굴에 서서히 세월이 담기는 모습까지 보게 되었다. 멈추지 않고 성장해 한 발한 발 나아가는 각자의 모습에 박수를 쳐줄 수 있는 든든한 동료이자 친구인 강이에게 유난히 더 고맙다. 분명 나와는 다른 더큰 무게감을 떠안고 있었을 테니까.

〈스위트홈〉 시즌 1 촬영 때의 난 요가도 하고 발레도 하고, 어쩌면 신체적으로나 정신적으로 가장 건강했던 것 같다. 다이어트를 하느라 좀 힘들었을 뿐, 별다른 걱정이 없었다. 은유를 연기하는 날이 무척 기대됐고, 빨리 현장에 가고 싶었다. 초록색 '쫄쫄이'를 입은 액션 팀 혹은 안무 팀 분들의 움직임에 맞춰 보이지 않는 괴물을 상상하며 연기하는 것이 마냥 신기하고 재미있었다. 게다가 분장이 주는 에너지는 실로 엄청났다. 이 덕분에 집중력도 한껏 올라갔다. 작품 속 캐릭터로 살아 숨 쉬기 위해 분장이 얼마나 중요한지 처음 제대로 느낀 현장이었다. 나는 점점 더 은유를 흥미롭게 빚어내고 싶었다. 그리고 그 옆에는 현수, 은혁, 지수, 유리, 이경, 상욱을 포함한 '그린홈' 가족들 그리고 모든 스태프와 이응복 감독님, 박소현 감독님이 함께 있었다.

스스로 완벽히 즐기며 연기한 〈스위트홈〉 시즌 1이 세상에 공개된 후 기대 이상으로 받은 사랑과 뚜렷한 관심 속에 행복하기도 하고, 불편하고 낯설기도 한, 알 수 없는 감정을 느끼기도 했다. 아마도 그건 날 계속해서 사랑해 달라는, 곁에 머물러달라는 소망의 다른 표현이었을 것이다.

그리고 2년 뒤인 2022년, 사람들은 잘 모르는, 처절하게 무너져 내려앉은 세상에 살고 있는 또 다른 내가 있었다. 〈스위트홈〉시즌 2와 시즌 3를 함께 촬영하던 나는 시즌 1 때 느낀 행복감과는 다른 감정들을 느끼며 나 자신과 싸워야 했다. 촬영 6개월 전부터 서울 액션스쿨에 다니면서 다양한 무기를 들고 액션 연습을 했다. 길었던 머리도 일명 '칼단발'로 잘랐다. 하지만 막상 시즌 1 때와 달라진 은유를 마주하려니 두려웠다.

FACES

처음에는 모든 것이 난관이었다. 나의 부족한 부분이 너무나 많이 보였다. 재촬영이 잦았을 뿐 아니라 은유 캐릭터의 방향성을 잡아가는 데도 시간이 엄청 오래 걸렸다. 그런 채로 각 지방을 누비며 사계절 내내 촬영을 했다. 사실 작품마다 쉬운 것이 하나도 없고, 매번 다시 처음으로 돌아가서 시작하는 느낌이 든다. 하지만 그중에서도 유독 물음표가 많았다. 그래서 더욱 아쉽기도 하다. 4년이다. 은유를 내 마음에 품었던 시간이. 어쩌면 그동안 연기한 인물 중 내 마음속에 가장 크게 자리 잡고 있는 캐릭터일 것이다. 그런데도 이 사람을 다 알지 못한다는 사실이 견딜 수 없이 속상했다. 대본에 닭똥 같은 눈물을 뚝뚝 흘리며 정답지가 있다면 제발 보여달라고 외치던 내가 떠오른다.

그렇게 돌고 돌아서 결국 도착지까지 갔다. 그곳이 어디든 은유가 간 곳은 아마 꽤 괜찮은 곳일 거라고 믿는다.

FACES

5. 김명희

〈어이 청춘〉, 2021

명희는 간호사다. 1955년생 김명희는 광주 평화병원에서 쉬지 않고 일한다. 혼자 일을 도맡아 하는 바람에 동료 간호사들이 불만을 품을 정도다. 다리가 불편한 아버지와 치매 증세를 보이는 할머니, 늦둥이 동생 명수(조이현)까지 부양해야 하는 명희는 "어른 노릇"을 하느라 누가 봐도 "욕본다". "야물딱진 척, 센 척" 다 하지만, "꼭 중요한 순간에 혼자 다 떠안고, 다 퍼주고" 마는 명희는 수찬(이상이)의 표현처럼 "들꽃 같은 사람"이자 "온실"이 필요 없는 "강한 사람"이다. 소명 의식 넘치는 의료인인 동시에 치근덕거리는 환자에게는 참지 않고 응징하는 만만찮은 "쌈닭"이기도 하다.

사실 명희는 남몰래 독일 유학을 준비 중이었다. 마침내 독일 브란덴부르크 의과대학에서 날아온 합격 통지서를 받은 것도, 천주 장학회에 남은 딱 한 자리의 주인이 된 것도 "주님의 뜻"이라 믿었다. 하지만 장학금을 받기 위해서는 한 달 안에 떠날 돈을 마련해야 한다. 이때 친구 수련(금새록)이 거절할 수 없는 제안을 한다. 수련은 집안끼리 정해놓은 맞선 자리에 명희가 대신 나가주는 조건으로 "독일행 비행기푯값"을 지불하겠다고 말한다. 결국 대신 나간 맞선 자리에서 명희는 운명처럼 희태(이도현)를 만난다.

"명희 씨 나랑 딱 5월 한 달만 만나볼래요?" 희태는 서울대 의과대학을 다니는 수재지만 친구의 연인을 제대로 살리지 못했다는 트라우마 때문에 의학 공부를 포기하려 한다. 그 대신 그에게는 대학가요제에 출전하는 꿈이 있다. 명희는 첫 만남의 기억만으로도 곡이 떠오르게 만드는 영감의 뮤즈로 자리 잡는다. 빨갱이의 자식으로 낙인찍힌 명희는 "숨소리도 내지 말고 조용히" 살라는 아버지의 말을 따르며 살았다. "영문도 모르고 땅에 처박히는" 상황을 계속 겪어야 했다. 그렇게 평생을 양보하고 포기하며 살았던 명희가 "처음으로 용기 낸 선택"이 바로 희태였다. 그는 명희가 이 나라에 살아야 할 "겨우 하나" 생긴 이유가 된다. 희태가 끊었던 담배를 다시 피우던 밤, 풀벌레도 안 도와주던 밤, 명희의 친구 수련과 원치 않는 약혼식을 끝낸 희태가 묻는다. "괜찮으세요?" 그러자 명희는 울먹이며 대답한다. "아니요… 안 괜찮아요. 희태 씨 없는 5월은… 싫어요."

하지만 1980년 5월, 광주민주화운동의 소용돌이 속에서 아름답게 솟아오르던 꽃은 제대로 피지도 못한 채 떨어진다. 유학용 여권 사진은 영원히 박제된 청춘의 초상이 된다. 명희는 '너무 아름다워 아픈 사람'이다. '시린 겨울처럼 아린 사람'이다. '그리워도 못 볼 사람'이다.

FACES

고민시가 쓴 〈오월의 청춘〉

밝을 명^明, 기쁠 희^喜. 명희라는 이름을 처음 보자마자 이 뜻을 가진 한자가 떠올랐다.

'첫 번째 오월', 마지막 12회 대본을 받고 나선 하염없이 울었다. 운명이란 게 있다면 이런 걸 두고 말하는 걸까? 〈오월의 청춘〉은 운명처럼 내게 찾아온 작품이다.

나는 제목이 주는 힘을 믿는다. 제목만 들어도 자연스레 이야기가 떠오르고 그림이 그려지고 호기심이 생긴다. 처음 출연 제안을 받았을 때 〈오월의 청춘〉이라는 제목이 너무 어여뻐서, 따뜻해서 좋았다. 시놉시스 첫 장에 쓰인 단 한 줄의 소개 글을 읽고 이 작품을 무조건 해야겠다고 마음먹었다. 그리고 전체 줄거리를 읽고 꽤 오랜 시간 펑펑 울었다. 이렇게 좋은 작품이 내게 와주다니, 감사하고 또 감사했다. 어떤 식으로든 잘해낼 수 있을 거라고 믿어 의심치 않았다. 어떤 결과가 나오든 후회하지 않을 수 있었다. 그냥 자신 있었다. 세상에 나와야만 하는 작품이고, 늘 내가 꿈꾸던 캐릭터이니 하지 않을 이유가 없었다. 또한 시간이 흐를수록 더 인구에 회자될 작품이라고 생각했다.

신기하게도 나의 상대역은 다시 한번 이도현 배우였다. 〈스위트홈〉에서 피 한 방울 섞이지 않은 이복오빠 역할을 워낙 잘해주어 고마웠는데, 이 드라마에서는 또 얼마나 잘할까 싶었다. 상대 배우가 도현이라 감사하고 기대됐다.

촬영을 본격적으로 시작하기 전 명희를 준비하는 과정부터 많은 애정을 쏟아부었다. 전라도 사투리 녹음본을 계속 들으며 연습하는 것은 당연했고, 감정을 불어넣기 좀 더 수월하게 대사를 바꾸는 작업도 다양하게 시도했다. 도움이 될 만한 작품도 많이 찾아서 보고, 관련된 이야기들도 읽고 여러 가지 정보를 모으면서 내 것으로 만들어갔다. 헤어스타일부터 옷의 소재, 무늬, 색상까지 회차별, 상황별로 최대한 '명희스러움'을 살리려 차근차근 준비해 나갔다. 그리고 다짐했다. 무슨 일이 있어도 진심을 담기로.

촬영하는 하루하루가 소중했고 그날 내가 담아내야 하는 감정이 더없이 귀했다. 이 마음이 더도 말고 덜도 말고 나의 눈동자에 그대로 담기기를, 그리고 그 눈동자가 또다시 카메라에 가감 없이 담기기를 바랐다. 명희는 진짜 행복해서 웃는 장면이 거의 없었다. 많이 울고, 아파하고, 애써 슬픔을 숨겼다. 웃어 보여도 눈은 늘 슬픔이 차 있었다. 감정 소모가 많은 촬영이라 힘들었지만 또 행복했다. 쉬는 날이 부족해도 그저 기뻤다. 어디든 머리가 닿자마자 잠들어버려도, 씻다가 졸아도, 명희를 연기할 수 있어서 감사하고 또 감사했다.

순간 머리에 파고드는 생생한 찰나가 있다. 솔직히 이런 순간들은 대체로 맘이 아려서 잘 꺼내지 않으려 한다. 문득 튀어나오려 할 때면 억지로 눌러버리기도 한다. 감정을 충분히 후회 없이 쏟아낸 터라 다시 꺼내는 것만으로도 힘겹고, 또 아파할 기력이 없기 때문이다.

사실 〈오월의 청춘〉은 가장 사랑하는 작품이지만 생각하면 눈물부터 나기 때문에 자주 떠올리기 쉽지 않다. 굳게 마음먹고 시작했지만, 글을 쓰는 지금도 눈물이 줄줄 흘러 미칠 노릇이다.

가슴 아픈 장면을 촬영할 때면 갑자기 하늘에서 비가 내렸다. 명희가 혼자 쓸쓸히 숨을 거두는 마지막 장면을 촬영하던 날에는 마지막 대사를 끝내고 눈을 감자 고요 속에서 새 한 마리가 지저귀고 있었다. 그 울음소리가 구슬프게 들리기도, 아름답게 들리기도 했다. 마치 하늘도 같이 울어주는 느낌이라고 해야 할까. 어쩌면 이렇게 우리의 이야기를 세상에 알려주어 참 고맙다는 대답을 들은 것도 같았다.

63   FACES

촬영 초반에는 결말을 몰랐다. 당연히 새드 엔딩이 기다리고 있 겠거니 했지만, 첫 장면에 등장하는 유골의 주인이 명희일 확률 은 절대적으로 0%라고 생각했다. 이후 우연히 결말을 알고 나 선 며칠간 충격에 빠져 지냈다. 틈만 나면 눈물이 줄줄 흐르고 하염없이 슬퍼서 솔직히 명희를 연기할 자신이 없었다. 너무나 비극적이라 그런 결말을 나에게 그리고 명희에게 안겨주고 싶 지 않았나 보다. 그럼에도 마지막에 도달하는 순간까지 한 순간 도 헛되이 넘기지 않으려 기를 썼다. 〈오월의 청춘〉을 함께 만든 모든 선후배 배우와 감독님, 스태프들 그리고 이 좋은 대본을 쓰신 이강 작가님까지 모두 진심만을 다했다. 그저 흔한 드라마 가 아니라, 1980년 5월의 진실 한 조각에 다가가기 위해 모두 가 온 마음을 다 담아 하나의 작품을 완성한 것이다.

　　〈오월의 청춘〉의 촬영이 끝난 뒤에도 꽤 오랜 시간 명희 에서 완벽히 벗어나지 못했다. 지금도 그리고 앞으로도 난 매년 5월이 되면 〈오월의 청춘〉을 가장 먼저 떠올릴 것이다. 그리고 〈오월의 청춘〉을 내 생애 가장 빛나는 작품으로 기억할 것이다.

모두 청춘 하세요!

65　　　　　　　　　　**FACES**

6. 고옥분

〈밀수〉, 2023

옥분은 모든 걸 듣고 있다. 낮말도 옥분이 듣고 밤말도 옥분이 듣는다. 1970년대 서해 어촌 마을 군천의 중심에는 '뉴-종로 다방'이, 그 중심에는 마담 고옥분이 있다. 옥분은 다방 종업원 시절부터 마담이 된 지금까지 군천의 모든 순간에 자리 잡고 있다. 브로커 삼촌(김원해)이 춘자(김혜수)와 진숙(염정아)에게 처음 금괴 배달을 제안하는 순간에도 팔각 성냥갑을 테이블에 툭 올려놓고 지나간다. "오빠, 권 상사 못 이겨? 별거 없던데." 장도리(박정민)와 부하들이 권 상사(조인성)를 공격할 계획을 짜던 밤에도 옆자리에 앉아 심드렁한 얼굴로 마른오징어 다리를 뜯고 있다. "나도 그냥 흘러들은 거라"며 한복 옷고름을 쥐고 눈물을 닦는 척하지만, 옥분은 절대로 그 무엇도 흘러듣지 않는 사람이다. 마지막 밀수 작전에서 배 위에서 세관계장 장춘(김종수)이 장도리와 부하들에게 내리는 지시를 엿듣는 이 또한 옥분이다.

옥분은 모든 걸 알고 있다. 육지의 일도 바다의 일도 안다. 다방 '카운타'에서 무심하게 손거울만 쳐다보는 척하지만 옥분이 보는 것은 비단 자기 얼굴만이 아니다. 밀수 작전에 뛰어든 해녀 팀, 장도리 팀, 세관 팀 그 어디에도 속하지 않지만, 그 가운데 관제탑처럼 앉아 모든 팀의 동향을 파악하고 있다. 장도리가 자기 생일에 맞춰 금고 비밀번호를 바꾼 것도, 세관 직원 수복(안세호)이 늦은 밤 무엇을 원하는지도 잘 알고 있다. 몇 년 전까지만 하더라도 종로 다방의 막내 종업원이던 옥분은 남다른 눈치와 생존력, 동네 여자들에게 머리채깨나 붙잡히는 "쌩고생"을 한 끝에 여기까지 올라왔다. 그리고 "물장사하는 사람"의 "통빡"으로 군천에서 돌아가는 모든 패를 돌린다. 남자(장도리)에게 받은 윙크를 여자(춘자)에게 돌려준다. 붉은 앵두 같은 입술로 '오는 사람, 가는 사람, 마음마다 설레게' 한다. 3년 만에 군천으로 돌아온 춘자도 말한다. "그냥 딱 생각나는 게 옥분이 너밖에 없더라고." 옥분은 그렇게 "떨어지는 콩고물"을 모아서 새 떡도 충분히 만들 인물이다.

갈매기 같은 눈썹, 귀 아래 검게 칠한 구레나룻, 은갈치색 한복까지 마치 다방에 놓인 조화처럼 극도로 조잡하고 화려해서 옥분의 존재는 오히려 사람들을 방심하게 한다. 하지만 바다 일로 잔뼈가 굵은 장도리조차 열 길 물속은 알아도 한 길 옥분 속을 몰랐다. 군천 바다를 먹어버리겠다는 야심으로 자신만만했던 장도리를 옥분은 "호구로 보고 쥐고 흔들"어버린다. 영화에 흐르는 최헌의 '앵두' 가사처럼 앵두 같은 옥분의 입술을 철없이 믿어선 안 된다. 옥분은 마음은 '흘러가는 구름'이고, 옥분의 눈동자는 '구름 속의 태양'이니까.

FACES

고민시가 쓴 〈밀수〉

1980년대 이야기에서 빠져나왔더니 영화는 나를 타임머신에 태워 더 오래전 과거인 1970년대 세상 속으로 데려다놓았다.

이름은 고옥분. 아주 구수하면서도 묘하게 섹시한 이름부터 마음에 쏙 들었다. 게다가 류승완 감독님의 영화라니! 여기에 김혜수, 염정아, 조인성, 박정민, 김종수 선배님이라니! 그분들 뒤에 내 이름이 올라갈 상상을 하니 도무지 믿기지 않아서 상상을 멈췄다. 그러자 그 자리에 온갖 걱정이 비집고 들어와 꼬리에 꼬리를 물고 날 괴롭혔다. 분명 늘 하던 연기인데 왜 또다시 걸음마 단계로 돌아가는지, 어디서부터 어떻게 준비해야 하는지 도무지 알 수 없는 노릇이었다. 그러나 늘 그랬듯이, 알 수 없으면 알 수 없는 대로, 이판사판이라는 마음으로 내가 할 수 있는 최선을 다했다. 옥분의 캐릭터 분석을 시작으로 감독님이 참고하라고 보여주신 사진과 영상을 보며 1970년대에 서서히 적응해 갔다.

FACES

다음은 사실 별거 없는 고민시만의 작품 준비 방식이다.
(대본 분석 제외)

1   괜히 대본을 매일같이 들고 다닌다. 노트북이나 태블릿에
    담긴 파일 형태가 아니라 무조건 종이 대본이어야 한다.
    딱히 보기 위해서 들고 다니는 건 아니다. 그냥 늘 내가 어
    떤 작품을 준비하고 있는지 인지하기 위한 용도 혹은 긴
    장감을 유지하기 위한 심리다.
2   내 모든 생활 한편에 옥분이를 생성해 놓는다. 1번처럼 늘
    대본을 들고 다니다 보면 어느 순간 완벽히 인지되는 순
    간이 찾아온다. 어떤 상황이건 뜬금없이 그 인물이라면
    이럴 때 어떨지 생각해 본다. 장소에 구애받지 않고 여러
    가지 행동을 상상하면서, 대본 속 옥분의 동선에 대한 틀
    을 깨부순다.
3   집에서 혼자 수없이 대사를 내뱉어본다. 영혼이 담기건
    말건 그냥 주문 외우듯 계속 무한 반복해 입 밖으로 내뱉
    어본다. 속도를 1~10단계로 나눠서도 해본다. 그리고 내
    맘대로 감정을 넣어가며 조율해 본다.
4   그간 준비한 것을 모두 다 공중에 날려버리고 현장에 몸
    을 맡긴다. 오직 그 순간에만 몰입하거나 혹은 감독님의
    디렉팅을 이해하는 데 집중한다. 반드시 해야 할 것들은
    이미 몸이 기억할 것을 믿는다.

이건 어디까지나 나만의 훈련 방식 같은 거다. 8년 동안 연기를
하면서 찾아낸 나만의 노하우. 그래서 무슨 말인지 이해하기 힘
들 수도, 참 희한하게 준비한다고 생각할 수도 있다. 난 작품에
들어가면 특히 위의 수칙 가운데 둘째 단계를 계속 반복해 트레
이닝한다. 이 훈련을 하기 전 나는 올바로 연기하려면 대본대로
만 움직여야 한다고 생각했다. 그러다 보니 현장에서 내가 준비
한 동선과 다른 상황을 마주하거나 감독님의 갑작스러운 디렉
팅을 받았을 때 당황해서 몸이 굳는 일이 많았다. 결국 스스로

터득한 것이 둘째 단계의 방식이다. 이 훈련은 나(캐릭터)를 상상하고 이리저리 움직여보며 대본이라는 공간 속 틀에 갇혀 있던 나(캐릭터)를 자유롭게 움직이게 만들었다. 이 훈련이 잘되어 있으면 현장의 변화에 대한 두려움을 떨칠 수 있었고, 예상치 못한 디렉팅에 맞닥뜨려도 그 캐릭터로서 말하고 행동할 수 있었다. 촬영 전까지 충분히 애정을 담아 준비했다면 촬영하는 순간에는 벌거벗은 것처럼 그 어떤 계산도 걸치지 않는다. 나도 나에게서 어떤 연기가 나올지 알 수 없다. 그냥 나 자신을 믿고 작품 속에 내던져버린다. 분명 해낼 거다. 난 이미 그 캐릭터가 되어 있을 것이기에.

〈밀수〉는 전체 대본 리딩 때부터 신명 났다. 음악감독님이 직접 오셔서 영화 순서에 맞춰 음악을 들려주셨다. 그런 대본 리딩은 처음이었다. 그래서 더 긴장됐지만 그런 긴장감이 좋았다. 하지만 고옥분의 의상과 분장 테스트는 충격으로 시작되었다. 눈을 껌뻑이며 거울에 비친 내 얼굴을 한참 동안 바라보다가 관객이 걱정됐다. 내 얼굴이 너무 웃긴 나머지 영화에 몰입하는 데 방해되는 건 아닐까 자꾸만 걱정이 되었다. 하지만 감독님과 스태프들이 하나같이 만족스러워하는 모습에 나 역시 실처럼 가는 갈매기 눈썹과 은갈치색 한복의 힘을 믿어보기로 했다.

촬영 현장에선 류승완 감독님의 놀라운 디렉팅이 많았다. 내가 생각한 것과 일치하는 부분이 하나도 없는 현장이었다. 전혀 상상도 못 한, 내 예상 범위 밖의 디렉팅을 빨리 이해하고 옥분이로서 바로바로 행동할 줄 알아야 했다. 그럴 때마다 감독님과 선배님들이 큰 소리로 웃어주셔서 감사하고 힘이 났다. 내가 출연하는 장면의 촬영이 다 끝나도 현장에서 선배님들의 연기를 가까이에서 보는 게 말할 수 없이 재미있었다. 감독님이 이번에는 어떤 디렉팅을 하실지 무척 기대됐고, 스태프들의 다음 움직임이 자못 궁금했다.

난 가장 막내였지만 촬영 당시에는 현장에서 말을 많이 하지 않았다. 그저 옥분이로서 먼저 보여드리고 싶었다. 어릴 적부터 존경하고 함께 연기하길 꿈꾸던 분들과 함께 있으니 마음을 표현하는 게 더욱 조심스러웠던 듯하다. 조금씩 천천히 다가갔다. 2021년 여름, 강원도 삼척에서 해녀 언니들과 옥분이 모두 함께 촬영하던 날, 몇 날 며칠을 함께 지냈다. 비가 오던 날에는 다 같이 (김)혜수 선배님의 우비를 나눠 입고 바닷가를 걸으며 산책하기도 하고, 맛있는 음식을 종류별로 사다가 배 터지게 먹으며 깔깔 웃기도 했다. 하루는 영화관에 우르르 몰려가서 영화도 보고, 또 하루는 (염)정아 선배님 방에서 (박)경혜 언니랑 나랑 셋이서 혜수 선배님의 영화 〈열한번째 엄마〉를 보며 함께 울기도 했다. 이런 추억이 하나둘씩 쌓이는 가운데 두 번 다시 만나기 힘들 고마운 인연의 끈이 생겼다.

내가 가장 크게 타고난 복은 인복이다. 배우의 길을 선택하고 8년이라는 시간 동안 내가 이렇게 걸어올 수 있었던 건 인복이 많기 때문이라고 믿는다. 내 곁엔 언제나 좋은 사람들이 있었다. 〈밀수〉는 특히 그 복을 실감한 작품이다.

나는 원래 여름이 싫었다. 뜨거운 기운이 나를 집어삼키는 탓에 끔찍하게 싫었다. 그런데 지금 나는 여름이 참 좋다. 〈밀수〉를 만나고 나의 여름은 행복한 기억으로 가득하다. 내 기억 속 여름은 〈밀수〉로 시작된다.

BEATS

영화 〈봉오동 전투〉
NETFLIX 〈스위트홈〉

비트 Beats?

연기의 목적을 달성하는 행동의 조각. 러시아 연출가이자 연기
교육자였던 콘스탄틴 스타니슬랍스키 Konstantin Stanislavsky 가
정의한 연기 행동 action 의 최소 단위, 러시아어인 'кусóк(한 조각)'는
이후 스타니슬랍스키의 초기 시스템과 방법론을 적용한 미국 현대
영화인들에 의해 'beat' 혹은 'bit'로 번역되어 사용되었다.

배우가 구현한 연기의 성취에 접근하기 위해
액톨로지 Actorology(배우학)는 연출, 카메라 혹은 편집의 단위인
신 scene 과 숏 shot 대신 '비트'를 연기 분석의 단위로 삼는다. 각 비트의
구분점은 연구 대상(배우)을 기준으로 나뉜다. 하나의 신과 숏 속에
여러 개의 비트가 존재하기도 하고, 하나의 비트가 여러 신과 숏에
걸쳐 구현되기도 한다. 연구자의 연기 비트 분석은 연출자의 목적이나
배우의 해석과 다를 수 있다.

독립군 이장하(류준열)는 1919년 3·1 운동 이후
봉오동 일대에서 항일 무장투쟁 중인 젊은
분대장이다. 일본의 추격대를 죽음의 골짜기로
유인하는 작전에 함께 참여하게 된 철훈(박희순)은
장하에게 "넌 왜 이번 임무에 자원한 거냐?"라고
묻는다. 어딘가 아득해지는 장하의 얼굴 위로 그리운
누나, 화자(고민시)의 목소리가 들린다.

영화 〈봉오동 전투〉
TC 00:33:57~00:34:57

BEATS 1.
엄마는 키가 크다

BEAT 2   **화자** "… 잊지 말고, 엄마가 한 말 항상 기억해.
          절대 부끄럽게 살면 안 돼."

BEAT 3   **화자** "나중에 너 커서 장가갈 때 네 색시 주라고
          엄마가 남기신 유품이야. 이제부터 니가 잘 간직해."

BEAT 4   **장하** "나한텐 누나가 엄마야. 나중에 색시 생기면
          누나 손으로 끼워줘."

싸라기눈이 펄펄 내리는 들판 너머로 화자가 장하를
부르며 달려온다. 그리고 앞서 걸어가던 동생의
오른팔을 잡아 돌려세운다.

장하의 눈을 똑바로 바라보며 엄마의 당부를
상기시키는 화자. 오른손으로 장하의 머리와 볼을
쓰다듬는다.

왼쪽 소맷부리 안에서 꽃이 수놓인 손수건을 꺼내는
화자. 그 안에 고이 싸여 있던 엄마의 유품인 반지를
장하의 오른손에 두 손으로 쥐여준다.

장하는 뒤돌아서는 화자의 손을 잡아 돌려세운다.
화자는 자신의 중지에 엄마의 반지를 끼워주는
동생을 말없이 바라본다.

독립군 훈련에 합류하기 위해 떠나는 어린 동생을
향해 화자가 달려간다. 가던 장하를 멈춰 세우는
비트 1의 다급한 부름의 호흡과 달리 비트 2에서
화자는 깊은 호흡으로 한 템포를 쉰 후, 단호한
눈빛과 표정, 흔들림 없는 목소리로 말한다.
부끄럽지 않게 살아가라는 비트 2의 대사는 엄마의
전언처럼 배치되어 있지만 배우 고민시에 의해
마치 직접화법처럼 구현된다. 저보다 키가 한
뼘은 큰 동생이지만 고민시의 시선은 어쩐지 어린
아들을 바라보듯 살짝 아래를 향하고 있다. 장하의
머리와 볼을 쓰다듬는 손길 역시 엄마의 그것이다.
누나의 눈길과 손길을 따라, 죽은 엄마의 영혼은
먼 길을 떠나는 아들의 까까머리와 언 볼 위에
잠시 싸라기눈처럼 내려앉는다. 손수건에 싸인
반지를 꺼내는 비트 3에서 고민시의 목소리는 다시
울먹이는 듯한 누이의 그것으로 미묘하게 변주된다.
비트 1과 3에서 화자가 그랬던 것과 반대로 비트
4에서는 장하가 화자에게 엄마의 반지를 다시
돌려준다. 누나는 그제야 젖은 눈시울로 동생을
올려다본다. 성인이 된 장하가 결국 유골함에 담겨
돌아온 누나와의 마지막 순간을 회상하는 1분가량의
신에서 배우 고민시는 엄마와 누나의 모습을
이어지는 비트 속에 동시에 담아낸다. "누나가
엄마"라는 장하의 말처럼, 지금은 세상에 없는 두
명의 화자話者를 한 배우의 육체로 불러낸 애틋한
환혼還魂의 비트다.

윤지수(박규영)와 애틋한 마음을 나누었던
정재헌(김남희)이 사망한다. 잇단 죽음을 자책하며
흐느끼는 지수 앞에 이은유(고민시)가 초콜릿을
툭 내려놓는다. 재헌의 죽음으로 붕괴된 지수를
위로하는 은유만의 방식이다. 하지만 지수는
"전처럼 해"라며 방어적으로 대응한다.

NETFLIX
〈스위트홈〉 시즌 1
EPISODE 9
TC 00:04:31~00:06:51

BEATS 2.
무거울수록 가볍게,
가벼울수록 무겁게

BEAT 1	**은유** "그런 분위기야?··· 오케이."
BEAT 2	**은유** "재수 없기로는 나도 어디 가서 안 빠지거든."
BEAT 3	**은유** "너 나 고아인 거 알지? 어느 날 발레 공연을 보러 가는데··· 사고가 난 거야. 그래서 그 안에 타 있던 엄마 아빠 둘 다···. 그날 아빠가 피곤하댔는데 내가 우겨서 간 거였거든, 그거."
BEAT 4	**은유** "하, 나 때문에 이은혁도 고아 됐어. 그리고 이은혁 인생도 조졌어. 나랑 지랑 피 한 방울 안 섞였는데, 부모 없으면 솔직히 남남인데, 나 발레 시키겠다고 휴학한 거야, 걔. 미친 놈, 진짜 미친 놈이야. 내 탓 아니래! 괜찮대. 지가 괜찮으면 뭐 나도 괜찮은 거야."

우두커니 서서 지수를 내려다보던 은유는 눈알을
한 번 굴리고 혀를 한 번 찬 후 뭔가 결심한 듯한
표정을 짓는다.

마치 '불행 배틀'에 도전장이라도 내밀듯 지수 옆에
나란히 앉는다.

울다 지친 지수를 한참 응시하다가 부모님의
죽음에 대해 말하는 은유. 아빠에 대해 회상할 때는
후회하듯 시선이 내려간다.

부모를 동시에 잃고 자기 때문에 많은 것을 포기한
이복오빠 은혁(이도현)을 떠올릴 때는 무표정하던
얼굴에 순간순간 속상한 표정이 깃든다.

BEAT 5	**은유** "그래서 빚지기 싫어서 아주 보란 듯이 갚아줄려고 발레 죽어라 해볼라 그랬는데 씨, 발목 아작 나서 턴도 못 돌아."
BEAT 6	**은유** "어때? 좀 불쌍하니? 넌 니가 되게 대단한 줄 아나 본데, 미안하지만 아니야."
BEAT 7	**은유** "내가 증명해 줄게. 너랑 같이 끝까지 살아남을 거야, 나는. 할 거 없었는데 그거라도 해야겠네."
BEAT 8	**은유** "애써 불행해지려고 하지 마. 이미 존나 충분하니까."

발목을 다쳐 발레를 포기해야 했던 상황을 떠올리는
듯 잠시 울컥해 고개를 떨군다.

이내 본래의 냉소적인 표정과 말투로 돌아온 은유.

덤덤한 목소리지만 이제 지수와 함께 끝까지 생존할
것을 약속하고 다짐한다.

감정을 꾹꾹 눌러 담은 목소리. 죽은 정재헌의 칼을
지수에게 쥐여준 후 자리를 떠난다.

은유는 짜증과 화를 제외하고 좀처럼 속을 드러내지
않는 캐릭터다. 그런 그가 지수의 울음소리를
BGM으로 모노드라마에 가까운 독백을 시작한다.
하지만 고민시는 비트 3~5에 걸쳐 비극적 개인사를
털어놓으면서도 지금까지 구축한 캐릭터의 태도를
애써 바꾸지 않는다. 지수의 말대로 "전처럼" 한다.
박규영이 거세지고 잦아들기를 반복하는 울음의
파고波高 로 자신의 비트를 변주한다면, 고민시는
시종 거의 동일한 감정의 높이를 유지하며 조금씩
파장波長을 조절하는 방식으로 은유의 비트를 소화해
낸다. 비트 6에서도 자기 연민을 경계하는 태도를
유지한다. 특히 비트 7은 언제 죽어도 좋을 듯이
살던 은유가 분명한 생의 의지와 연대의 결심을
표현하는 변화와 성장의 비트다. 이은유가 시즌 2를
이끌어갈 주인공임을 암시하는 대사이기도 하다.
하지만 고민시는 가장 비장할 수 있는 이 선언을
가장 대수롭지 않은 톤으로 연기해 낸다. 무거울수록
가볍게, 가벼울수록 무겁게. 전혀 달콤하지 않은
재난 속에 집을 잃어버린 인물들을 내세우고도
'스위트홈'이란 제목을 붙인 이 드라마에 어울리는
역설의 비트다.

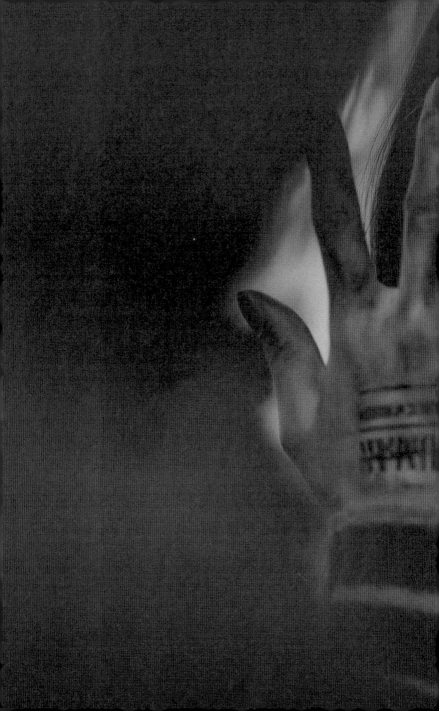

COLLEA GUES
—1

이응복 감독

COLLABORATION
NETFLIX 〈스위트홈〉 시리즈
tvN 〈지리산〉

"스스로를 억압하면서
분출되는 미묘한 텐션"

드라마 〈태양의 후예〉〈도깨비〉〈미스터 션샤인〉 등을 탄생시킨 베테랑 연출가 이응복은 신인에 가까웠던 고민시를 달콤하면서도 무시무시한 집으로 초대한 장본인이다. 그렇게 합류한 〈스위트홈〉 시즌 1의 시니컬하고 거침없는 소녀 '이은유'는 배우 고민시를 전 세계 대중에게 접속시키는 가장 빠른 홈 버튼이 되어주었다. 이후 〈지리산〉의 싹싹하고 살가운 막내 레인저로서의 동행과 〈스위트홈〉 시즌 2의 외롭고 험난한 전사의 길까지 이응복 감독은 매번 고민시 앞에 다양한 등반 루트로 향하는 로프를 던져주었다. 낡은 아파트, 지옥으로 변해버린 세상, 험한 산둥성이에 세워진 이응복의 실험실 안에서 신인 배우 고민시는 누구도 건드리지 못할 아름다운 연기 괴물로 진화해 나갔다.

언제 처음 고민시 배우를 눈여겨보셨나요?

영화 〈마녀〉의 명희가 인상 깊었죠. 보자마자 앞으로 대성할 배우라는 걸 느꼈고요. 작품을 앞두고 관심 있게 알아보던 중에 단편(〈평행소설〉)을 만들었다는 사실을 알게 되었어요. 명희와는 사뭇 다른 느낌이었는데, 단편에서 보여주는 모습 역시 인상적이었어요. 무엇보다 선택받기 이전에 혼자 연출하고 연기하며 자기 것을 만들어낸 순수함과 열정에 끌렸죠.

〈스위트홈〉 캐스팅 당시 이은유 역에서 가장 중요하게 생각한 요소는 무엇이었나요?

'똘끼'와 '사이다'. 세상이 망해도 할 말은 하고 사는 똘끼, 남 눈치 보지 않고 행동하는 사이다 같은 캐릭터를 밉지 않게 연기해 줄 배우를 찾고 있었어요.

첫인상은 어땠나요?

경쾌하고 발랄했어요. 철부지 같은 면과 성숙한 모습을 동시에 갖고 있는, 에너지가 충만한 배우랄까. 거칠지만 부드럽고, 싸가지 없어 보이지만 굉장히 착하기도 한, 도무지 어디로 튈지 모르는 매력을 가지고 있다는 느낌이었죠.

고민시를 만난 이은유 캐릭터의 가장 큰 변화는 무엇이었나요?

원작의 이은유는 마냥 어린 여동생 캐릭터예요. 그런데 고민시 배우를 만나 점차 성장하는 캐릭터로 변화했죠. 또한 고민시는 모든 배우들과 케미가 뛰어났는데, 그 덕분에 이도현과는 남매 케미, 송강과는 멜로 케미를 보이면서 다채롭게 이은유의 감정을 표현해 내는 걸 지켜보았어요.

COLLEAGUES

이와 반대로 〈스위트홈〉 시즌 2 에서는 말을 줄이고 육체의 사용을 주로 합니다. 이 배우가 몸을 쓰는 방식을 어떻게 보셨나요?

액션 신을 찍다 보면 아무래도 작은 부상이 따를 수밖에 없는데, 척척 테이핑을 하고 파스를 뿌리더니 다시 카메라 앞으로 뛰어들었어요. 몸을 사리지 않고 최선을 다하는 열정을 봤죠. 특히 스피드보다는 정확하고 절도 있는 동작을 중심으로 표현하려는 점이 인상적이었어요.

아직 공개 전인 〈스위트홈〉 시즌 3 를 포함한 〈스위트홈〉 시리즈에 이어 〈지리산〉까지 이응복 감독은 배우 고민시의 성장을 이끌고, 그 과정을 고스란히 지켜본 창작자입니다. 현장에서 이 배우의 성장점이라 느낀 순간이 있었나요?

〈스위트홈〉 시즌 1에서부터 이미 성장한 상태로 만났다고 생각해요. 다만 이 배우가 가진 연기의 스펙트럼이 어디까지일지 궁금했을 뿐이죠. 현장에서 보면 한없이 자유롭게 연기하다가도 스스로를 억압하면서 분출되는 미묘한 텐션이 있어요. 그 힘을 원동력으로 자신을 성장시켜 나가는 것 같아요. 지금은 이렇게 압축한 에너지를 멜로, 스릴러, 코미디 등 여러 장르로 분출하는 시점인 것 같고요.

〈스위트홈〉 시즌 1의 이은유는 기본적으로 입에 짜증을 달고 있습니다. 말할 때 쓰는 입과 얼굴의 근육도 예사롭지 않고요. 특히 애정이 가는 얼굴 혹은 특정 표현 방식이 있나요?

현장에서 장난칠 때 보면 순진한 만화 캐릭터 같은데, 연기에 집중하고 몰입할 땐 눈이 깊어져요. 일단 변화무쌍한 표정이 재밌어요. 나른한 표정으로 연기하다가도 벌처럼 톡 쏘는 특징이 있고, 냉소적인 눈빛을 보내다가도 이내 친절한 눈웃음을 보여줄 때도 있고요.

현장에서는 어떤 동료인가요?

동료라기보다는 막내딸 같아요. 참 말 안 듣는 (웃음) 어디 가서 제 구실 못 할까 봐 걱정되는데, 누구보다 잘해서 미소 짓게 만드는 발칙하고 명랑한 막내딸이랄까요. 그런데 말은 참 안 들어요. 한편 이런 생각이 들어요. 어쩌면 겉으로는 말을 안 듣는 척하면서 자신만의 방식으로 그 현장을 잘 버티고 있었던 것이 아닐까, 하는.

감독님은 매번 시대가 원하는 다양한 배우를 발굴하고 함께 작업해 오셨습니다. 배우 고민시가 현재 대중에게 소구되는 부분과 시대를 불문하고 통용되는 지점이 무엇이라고 생각하시나요?

일단 자기 스스로 연기를 재밌어 하는 모습이 보여요. 그리고 그걸 바라보는 시청자도, 창작자도 자연스럽게 웃음 짓게 하죠. 한마디로 모두를 유쾌하게 만드는 배우예요. 톡톡 튀는 듯하지만 살갑고, 솔직 담백하고 거짓 없는 소통으로 대중과 함께 호흡하죠. 전형적이거나 까칠한 미인이라기보다는 가족 같은 친근함이나 친구 같은 다정함으로 부드럽게 다가오기 때문에 많은 세대의 대중에게 고루 사랑받는 것이 아닐까요.

고민시 배우에게 바라는 점이 있는지 궁금해요. 혹시 앞으로 함께 작업해 보고 싶은 장르가 있나요?

출가시킨 막내딸이 알아서 잘 살기를 바라는 마음? (웃음) 어떤 작품을 하든 척척 잘해낼 것이라는 믿음이 있고, 그와 동시에 그럼 배가 좀 아플 것도 같아요. 함께 작업한다면 어떤 장르든 다 재미있을 것 같은데… 아! 한 번쯤은 서로 부담 없이 로맨틱 코미디를 만들어보자고 제안하고 싶어요.

COLLEA GUES
—2

박정민 배우

COLLABORATION
영화 〈밀수〉

"저 많은 소스들이 도대체
어디에서 튀어나오는 거지?"

배우 고민시와 박정민은 건강한 기세로 기분 좋은 반전을 안겨주는 배우들이다. 〈밀수〉에서 맹룡해운의 막내 장도리(박정민)가 군천 밀수 조직의 실세가 되고, '종로 다방' 레지 고옥분(고민시)이 '뉴-종로 다방'의 주인이 된 것처럼, 배우 박정민과 고민시가 '뉴-충무로'를 이끌어갈 실질적 주역이라는 점에 이의를 제기할 사람은 없을 것이다. 영화와 드라마 시리즈를 맹렬하게 넘나들며 각자 분명한 지분을 확보해 나가던 이들의 만남은 박찬욱 감독의 〈헤어질 결심〉에서부터 느슨하게 시작되었다. 박정민은 "나 너 땜에 고생깨나 했지만, 사실 너 아니었으면 내 인생 공허했다"라는 유언을 남기고 사라진 극단적 로맨티시스트 홍산오로, 고민시는 서래(탕웨이)가 "내가 그렇게 나쁩니까?"라는 대사까지 외워가며 보는 드라마 〈흰 꽃〉의 주인공 무녀로 등장한다. 그리고 1년 후 이 두 배우는 생선 비린내 가득한 1970년대 군천 바닷가 다방에서 손을 잡는다. 류승완 감독의 〈밀수〉를 통해 마침내 같은 시대, 같은 차원에 존재하게 되었지만, 이번엔 주파수가 영 맞지 않는다. 뱃사람 장도리는 열 길 물속은 알아도 한 길 옥분 속을 모른다. 몰래 양담배를 챙겨주는 호의를 전하면서도 그녀 앞에 서면 긴장한 나머지 초점 잃은 윙크를 날리고야 만다. 금고 비밀번호까지 옥분의 생일로 바꾸어놓지만, 돌아오는 것은 해녀들과 손잡은 그녀의 치밀한 배신이다. 하지만 이런 엇갈림의 반복은 배우 박정민과 고민시가 언젠가 제대로 조우할 작품에 대한 기다림의 연료다. 솟아라 태양아, 빛나라 별들아. 이들 앞에는 헤어질 결심도, 안개도 없다.

함께 연기하며 지켜본 배우 고민시의 흥미로운 점은 무엇이었나요?

여러 가지가 있는데, 우선 가지고 있는 경험치가 많은 느낌이라고 해야 하나? 어린 나이에도 감정의 폭이 크고 깊이가 깊은 데다 가진 것도 많다는 게 느껴져요. 실제로 어떤 일을 겪은 후에 경험적으로 생긴 건지, 혹은 태생적으로 남들보다 많이 품고 태어난 건지, 아니면 본능적으로 예민하게 잘 포착하는 특별한 감각이 있는 건지는 모르겠어요. 하지만 많은 것을 갖고 있는데도 전혀 밖으로 내색하지 않는 것이 이 사람의 장점인 것 같아요.

결과적으로 고민시 배우의 연기를 보면 단선적이거나 납작하지 않은 풍부함이 느껴지죠.

맞아요. 인간 고민시와 연기하는 고민시의 모습이 아예 달라요. 간단하게 얘기하자면 평소에 보면 되게 얌전한 애 같거든요. 그런데 연기할 때 보면 늘 저 많은 소스가 도대체 어디에서 튀어나오는 거지? 하고 궁금해지는 순간들이 생기는 거죠.

현장에서 주고받는 연기가 안정적이어서 든든한 파트너가 있고, 의외여서 자극적인 파트너가 있다면, 고민시는 어느 쪽에 가까운 동료인가요?

이분은… 지켜보는 재미가 있는 배우죠. 〈밀수〉에서 민시가 찢어버린 그 신, 장도리의 금고에서 전날 밤에 옥분이 몰래 넣어놓은 장부가 나왔을 때 갑자기 튀어나와 "아이고" 하면서 철푸덕 엎어져서 "오빠, 내가 죽일 년이야" 하며 통곡하던 그 장면, 그 장면을 찍을 때는 현장의 모두가 그야말로 깜짝 놀랐죠. 그저 잘하겠거니, 어느 정도 내가 예상한 어떤 걸 하겠거니, 싶었는데 아예 다른 느낌이더라고요. 그 정도의 에너지로 연기할 줄은 정말 몰랐어요. 그 연기를 앞에서 보고 있으려니 어라? 이 신은 민시밖에 안 보이겠는데? 큰일 났네! (웃음) 싶었죠.

그렇게 〈밀수〉를 기폭제로 배우 고민시의 존재감이 확연히 드러나고 있습니다.

겉으로는 그저 발랄해 보이지만 내면에 단단한 심지가 있는 배우라서, 점점 더 좋은 배우가 될 것 같아요. 그 또래 다른 배우들과 비교해 봐도 고민시는 분명 다른 게 있구나 싶은 걸 확실히 느끼게 되니까요.

장도리와 옥분이 아닌, 새로운 작품 속 새로운 캐릭터로서 두 배우의 만남을 기대해도 될까요?

그럼요. 민시와 같이 한다면 그게 뭐든지 잘할 것 같아요. 그 대신 이 친구랑 또 만날 기회가 생긴다면 그때는 좀 길게 부딪칠 수 있는, 그러니까 우리 둘만의 이야기로 쭉 가져갈 수 있는 작품이면 참 재밌겠다 싶어요.

COLLEA GUES
—3

류승완 감독

COLLABORATION
영화 〈밀수〉

"이 친구는 뭘 해도
성공하겠다. 어디 있든
살아남을 사람이다"

통쾌하고 '앗쌀하다'. 류승완 감독과 고민시 배우는 어디를 봐도 동일한 DNA를 나눠 가진 종족이다. 거리에서 포획한 펄떡이는 언어, 삶에서 건져 올린 땀내 나는 인물로 자신만의 장르의 개척해 온 류승완 감독은 영화 〈밀수〉를 통해 은갈치처럼 반짝이는 배우 고민시를 어획해 내는 데 성공했다. 다방 마담 고옥분을 연기한 고민시는 특히 논개처럼 세관계장을 끌어안고 바다로 뛰어들기 전 내지르는 사자후, "같이 죽자, 이 씨발 새끼야!"와 함께 자신이 '지옥행 급행열차'를 두려워하지 않는 류승완의 적자임을 시원하게 증명한다.

배우 고민시를 어떤 모습으로 처음 인지하셨나요?

〈마녀〉에서 충청도 사투리를 쓰는 여고생. 사투리를 쓰는 설정은 기저에 촌스러움을 깔고 있는 경우가 많잖아요. 그런데 이 배우가 쓰는 충청도 사투리는 전혀 촌스럽지 않았어요. 아주 유쾌하게 구사하는데 그 당당함이 무척 매력적이더라고요. 사실 앞머리에 헤어 롤러를 말고 삶은 달걀을 먹는 주인공 친구는 누구나 세팅할 수 있거든요. 거기에 사투리나 특정 억양을 강조하는 말투는 자칫하면 원재료 맛을 덮어버리는 자극적인 MSG로 쓰일 수도 있단 말이죠. 그런데 이 배우는 캐릭터의 전형성과 사투리에 절대 함몰되지 않더라고요. 당시엔 이름도 몰랐지만 그 얼굴만은 잊히지 않았어요. 한눈에 튀는 외양을 가진 것도 아닌데, 얼굴이 선명하게 각인되었다는 것은 전적으로 이 배우가 가진 힘이라고 생각했죠.

하지만 명랑한 여고생 도명희와 〈밀수〉의 고옥분은 쉬이 접점을 찾긴 힘들었을 텐데요.

일단 옥분 역에는 김혜수, 염정아 배우와 좋은 밸런스를 이룰 젊은 피가 필요했죠. 두 배우는 일종의 아이콘이잖아요. 하지만 거기에 대응해 새로운 세대의 아이콘을 캐스팅하고 싶진 않았어요. 그보다는 충실히 연기 잘하는 젊은 배우가 좋겠다고 생각했고, 자연스럽게 고민시 배우를 떠올린 거죠. 여기에 장도리(박정민)와의 관계성이나 로맨스까지 생각했고요.

장도리와 고옥분은 그저 비즈니스 관계라고 봤는데, 감독님은 진짜 '로맨스'로 설정하셨던 거군요. (웃음)

아… 현장에서 우리끼리는 이거 거의 〈8월의 크리스마스〉라고 생각하면서 찍었는데… 안타깝네요.

매체를 통해 본 이미지와 실제로 만난 고민시 배우는 차이가 있었나요?

아뇨, 기대하고 상상한 것과 다르지 않아서 기분이 좋았어요. 보통 신인 배우들이 연출자를 만날 때면 잘 보이려고 하기 마련이거든요. 말끝마다 기계적으로 웃어준다든가. 그런데 고 배우는 자기를 꾸며서 보여주려는 노력이 전혀 없었어요. 제가 약간 못 알아들을 소리를 늘어놓으면 '에?' 하고 반응한다거나, 썰렁하면 썰렁하다는 티도 내는 식이었죠. 특히 유머 감각이 좋았어요. 저에게 유머 감각은 두 가지거든요. 스스로 장착한 유머 감각도 있겠지만, 상대에 반응하는 웃음의 포인트나 웃음의 상태를 유심히 보는 편이죠. 이 사람은 모든 게 자연스러웠어요. 진심으로 빵 터진다거나 가끔은 푼수처럼 웃기도 하는 식이었죠. 고민시 배우가 대전 사람이라 같이 말하다 보면 저도 모르게 사투리를 은연중에 썼던 것 같아요. 어느 순간 고민시 배우가 제 말투를 흉내 내는데 상당히 웃기더라고요. 아, 이런 유머 감각이 통하는 사람이면 됐다, 싶었죠. 일단 사람 자체가 갖는 매력이 상당해서 영화 속에서 그 점이 빛나겠다고 예상했죠. 그런데도 촬영이 시작되고 작업을 해나가면서 제가 생각한 것보다 훨씬 더 빛나는 배우를 캐스팅했다는 사실을 깨닫게 되었어요. 매번 놀라움의 연속이었죠.

구체적으로 말해 주신다면요?
연기 스타일이나 외양뿐 아니라 모든 조건이 어디에나 잘 어울리고 싹 잘 스며들어요. 아니, 그 시대 한복에 특히나 갈매기 눈썹 화장이 그렇게 잘 어울릴 줄 누가 알았어요! 제가 어릴 때 보던 '쥬단학' 같은 화장품 회사 광고 사진 속 인물이 살아 걸어오는 것 같았어요. 사실 여배우에게 눈썹을 밀고 그런 화장을 하라고 하면 기겁할 만도 한데 고민시는 그냥 아무렇지도 않게 해버려요. 이를테면 껌을 최대한 "쌍스럽게" 씹어달라든지 하는, 감독이 어떤 요구를 던져도 척척 해내버려요. 청바지도 한복도, 드레스를 입어도 모두 잘 어울리죠. 영화를 본 관객은 아시겠지만 발음의 정확도, 띄어 읽기, 완급 조절 등 대사 처리 능력이 굉장히 좋기도 하고요. 이 배우가 해내는 연기를 가만히 보면 구태여 뽐을 내지 않아요. 자기가 가진 강점을 매번 던지기보다는 절제하고 조절할 줄 알고, 특히 미드 톤이 굉장히 잘 잡혀 있는 배우죠. 배우 고민시의 파괴력은 여기에 있는 것 같아요. 좀처럼 질리는 법이 없고, 어느 순간 보면 없으면 안 되는 배우, 모두에게 김치 같은 배우가 되겠구나 하고 생각했죠.

함께 작업한 동료로서 가장 인상적인 부분은 무엇이었나요?
후반에 욕하면서 바다에 빠지는 장면을 찍은 후에 제가 상장을 수여했어요. 사실 한복이 물에 들어가면 진짜 위험한 옷이거든요. 젖으면 무거워지는 소재인 데다 밑단에 매듭을 묶는 속바지에

물이 차기도 해서 스턴트 할 때 아주 조심해야 해요. 그런데 고민시 배우는 수영을 잘 못하는데도 그냥 시원하게 빡 해버리더라고요. 그리고 이 배우는 좀처럼 카메라 앞을 안 떠나요. 한 컷 찍고 모니터 앞으로 확인하러 오는 법이 없어요. 다방 장면을 찍을 때면 그냥 다방 안에 계속 머물러 있는 거예요. 오히려 촬영부 스태프들이 세팅해야 하니 좀 비켜달라고 할 정도로. 그러니까 촬영감독이 되게 좋아할 수밖에 없어요. 물론 현장에 굉장히 열중하고 있지만, 나 지금 연기에 몰입하고 있어요, 건드리지 말아주세요, 하는 식이 아니라 너무나 유연하게 현장 사람들과 소통하면서 즐겁게 있어요. 그러다 촬영에 들어가는 순간에는 몰입도가 어마어마하죠. 그리고 개봉 후 홍보할 때 우리는 고민시를 '고 대리'라고 불렀어요. 홍보 대리라고. 단순히 상업적 성공을 원하거나 자신의 명성을 높일 목적이 아니라 진심으로 이 결과물에 애정을 가진 사람이라는 게 느껴졌거든요. 홍보 버스 맨 뒷좌석에 박경혜 배우와 같이 타고 다니며 헌신적으로 무대 인사를 하러 다니는 모습이 무척 감동적이었어요. 카메라 뒤에서도 모두에게 사랑받았죠. 그럴 수밖에 없는 것이, 일례로 다 같이 밥을 먹는 자리에서도 제일 먼저 일어나 그릇을 치우고 설거지해요. 그 모든 과정을

보면서 생각했죠. 이 친구는 뭘 해도 성공하겠다. 자기 인생을 되게 잘 개척하면서 어디에 있든 살아남을 사람이다.

〈밀수〉가 그 물길을 제대로 터주었죠.

어차피 뻗어나가는 중인 배우였는데 오히려 제가 운 좋게 잘 편승했죠. 〈밀수〉 이후 보여주는 멋진 행보를 지켜보고 있으면 이 배우의 빛나는 순간을 나눈 연출자여서 영광스럽다는 생각이 들 정도죠. 고맙다고 전해주세요. 조금 더 시간이 지나면 문자메시지 주고받기도 어려운 큰 배우가 될 텐데, 저라는 사람이 있었다는 거 꼭 기억해 달라고. (웃음)

앞으로 배우 고민시를 뚜렷이 구별되게 할 가장 큰 특징이 뭐라고 생각하세요?

카테고리 범주로 본다면 전도연 배우 쪽으로도 갈 수 있고, 김민희 배우 쪽으로도 갈 수 있다는 생각이 들었거든요. 그런데 막상 보다 보면 그 어느 쪽도 아니에요. 박정민 배우도 그런 케이스죠. 류승범 쪽인가 하다가 조승우 같기도 하다가, 범주가 애매해요. 이런 방향성이 모호하다는 것은 좋은 의미거든요. 독보적인 개성이 있기 때문에 그 어떤 카테고리에도 묶이지 않는 것일 테니까요. 그러니까 제가 보기에 이 배우는 '고민시'라는 카테고리 안에서 앞으로 자기의 일을 세워나갈 것 같은 느낌이 들어요. 〈오월의 청춘〉 〈스위트홈〉 〈밀수〉 〈마녀〉, 또 최근 한준희 감독이 연출한 단편 작업을 보더라도 어딜 가든 그 안에서 고민시가 절대 없어지지 않아요. 이 배우의 훌륭한 점은 고민시가 고민시이기 때문이라 말하고 싶어요. 충분히 아름답지만 예쁜 모습만 보여주려고 하지 않고, 연기도 아주 잘하지만 스스로 연기파라는 이미지를 내세우려는 의도도 없어요. 그 대신 이 세대 특유의 자유로운 에너지와 연기 자체를 즐기는 게 느껴져요. 미래는 함부로 예단할 수 없지만, 저는 고민시가 그 어디에도 속하지 않으면서 무소의 뿔처럼 당당히 자신의 미래를 개척해

나갈 거라고 생각해요. 멋진 여성, 멋진 사람, 멋진 배우의 고유명사로 자리 잡을 거라고. 더 솔직히 말하면, 혹여 연기보다 더 재밌는 일을 찾게 되더라도 그의 선택과 삶을 응원할 것 같아요. 물론 이 배우가 오래도록 연기할 거라는 것이 확고한 기정사실이지만.

감독이자 동료로서 혹은 관객으로서 배우 고민시에게 바라거나 기대하는 부분이 있나요?

아주 현명하게 작품을 선택해 가고 있고, 여전히 보여줄 수 있는 것이 매우 많다고 생각해요. 빨리 소모되는 것은 늘 조심할 필요가 있겠지만, 본인이 조급증을 내는 스타일이 아니어서 크게 걱정하지는 않아요. 그리고 많은 사람이 예상하는 것보다 훨씬 더 많은 에너지를 가지고 있다는 걸 알고요. 어차피 오래갈 배우이니 지금처럼 쉴 때 잘 쉬어가면서 이 길을 가면 좋겠어요. 아! 그리고 언젠가 다른 언어로 연기하는 고민시 배우를 보는 것도 재미있을 것 같아요. 상상해 봐요. 고민시가 본격적으로 하는 러시아어 영화!

COLLEA GUES
—4

한준희 감독

COLLABORATION
S24 Hours Movie Series:
단편 〈한낮의 한 낮선〉 〈노크 인 더 다크〉
〈위닝 9PM〉 〈내가 원한 아침〉

"아이콘이 되기에 충분한,
배우로서의 인장도 분명히
새겨나가는"

영화 〈차이나타운〉 〈빵반〉 그리고 드라마 〈D.P.〉 시리즈를 연출한 한준희 감독과 배우 고민시는 삼성전자가 기획한 단편 'S24 Hours Movie Series'를 통해 처음 만났다. 한낮의 비행기, 한밤의 작업실, 늦은 저녁의 편의점, 아침의 산사에서 배우 고민시는 실연에 아파하는 여자로, 공포 소설을 쓰는 작가로, 고단한 아르바이트생으로, 반려동물을 그리워하는 여고생으로 각각 변모한다. 24시간 동안 한 명의 배우가 각기 다른 질감을 가진 4명의 얼굴을 4개의 장르로 보여주는 4개의 단편은 고민시 버전의 〈에브리씽 에브리웨어 올 앳 원스〉라 할 만하다. 다른 맛 아이스크림을 한 스푼씩 맛보는 듯한 이 시리즈는 배우의 다채로운 가능성을 전시하는 쇼케이스인 동시에 고민시에게 본격적인 협업을 청하는 감독 한준희의 분명하고 힘찬 노크다.

어떤 작품을 통해 고민시 배우를 처음 알게 되었나요?

저에겐 〈오월의 청춘〉이 가장 인상 깊고 여전히 제일 좋아하는 작품이에요. 처음 본 기억은 〈72초TV〉였고. 이 채널을 통해 김민하, 이설 등 지금 맹활약하는 여자 배우들이 많이 등장했죠. 그때만 해도 저 배우는 누구지? 하는 정도의 인상이었는데, 이후 〈하늘에서 내리는 일억개의 별〉을 보면서 아, 그 친구구나

하고 확실히 인지하게 되었죠. 이 드라마에서는 〈72초TV〉에서 본 귀여운 여동생보다는 반항적이고 강한 느낌을 받았고요. 그러다가 〈오월의 청춘〉을 보며 와, 이렇게 완전히 다른 모습도 있구나 하고 놀랐죠. 그 이후로는 쭉 눈여겨보면서 마음속으로 응원해 온 배우예요.

멜로, 공포, 액션, 드라마까지, S24 Hours Movie Series는 마치 한준희 감독이 배우 고민시와 앞으로 해보고 싶은 장르별 테스트 같다는 느낌도 듭니다. 이 배우가 각 장르에서 필요한 기능을 잘 수행해 낼 것이라는 기대가 없으면 불가능한 기획이기도 하고요.

의심은 전혀 없었고 당연히 잘할 거라고 생각했어요. 다만 저희가 어떻게 잘 담을 수 있을까 하는 고민만 있었죠. 광고를 목적으로 기획한 작품이기는 하지만 다채로운 장르를 통해 다양한 시도를 해보고 싶었어요. 상황별로 여러 가지 옷을 입혀보고 리딩을 하는 과정에서 저뿐 아니라 조감독, 촬영감독, 의상감독, 분장감독 등 스태프들이 너무 흡족해하셨어요. 모두 긴 시간 업계에서 일한 경험이 풍부한 분들 인데도 이렇게 다양한 모습을 한 번에 보여줄 수 있는 배우는 되게 오랜만인 것 같다며 좋아하셨죠. 좀 식상한 비유지만 카멜레온 같은 배우라는 걸 저 역시

느꼈어요. 엄청 고전적이면서도 되게 현대적이기도 하고, 어딘지 귀여운 모습이 있는가 하면 앙칼진 느낌도 있죠. 그래서 이번 작업을 하면서 고민시가 지금까지 보여주지 않은 면모가 뭐가 있을까 혹은 해봤어도 조금 다르게 비틀어서 보여줄 수 있는 면모는 뭘까 하는 관점으로 대본을 써나갔어요.

촬영 현장에서 본 고민시는 어떤 배우였나요?

〈위닝 9PM〉의 액션 장면만 2회에 걸쳐 촬영하고 전체 4편을 5회차에 모두 끝냈어요. 현장 스태프들이 광고인 줄 알고 왔는데 이렇게 '빡세게' 촬영을 한다고? 야, 이러다 배우 도망가는 거 아니야 하고 말할 정도였죠. 회차 대비 촬영의 밀도가 높은 작업이었어요. 특히 액션 장면은 민시 배우가 많이 힘들었을 거예요. 러닝타임은 짧지만 저희는 그야말로 〈D.P.〉나 〈약한영웅〉과 비슷한 방식으로 찍었거든요. 그러니까 정해인, 박지훈, 최현욱 배우가 그랬던 것처럼, 대역이 연기한 액션 동작을 따로 붙이는 방식이 아니라 배우가 직접 합을 숙지하고 긴 호흡으로 액션 테이크를 찍었죠. 원래대로라면 액션 스쿨에서 합을 충분히 몸에 익히고 난 후 촬영하는데 이 프로젝트는 시간이 많지 않았어요. 그런데도 숙지해야 하는 합이 수십 개가 넘었죠. 테이크가 계속되면 아무리 숙련된 사람이라도 힘이 빠질

수밖에 없는데 민시 배우는 액션 동작과 배우의 얼굴이 한 앵글에 담길 수 있도록 마지막까지 직접 해내고 보여주고 싶어 하더라고요. 힘들어 헉헉거리면서도 절대 멈추지 않고 끝까지 독하게 마무리 짓는 모습이 너무 감동적이었어요. 우리가 이름을 알 만한 배우들은 모두 남들이 갖지 못한 재능을 타고났다고 생각하거든요. 하지만 거기서 얼마나 더 나아가는지는 결국 얼마큼 성실한지에 따라 달라지겠죠. 그리고 보면 지금까지 민시 배우가 출연한 작품 중에 쉬운 역할은 하나도 없어요. 이번 역시 끝내 성실함으로 모든 걸 극복한 것 같아요. 상대에게 거리낌 없이 자신의 영역을 내어주기도 하지만 본인이 무언가 취해야 할 때는 몇 테이크를 가든 끝까지 해내려고 애쓰는, 성실하면서도 집요한 배우예요.

주먹을 휘두르며 액션을 보여주는 고민시가 낯설지만 신선했다면, 떠나간 강아지 '멍냥이'를 그리워하며 눈물 흘리는 고민시는 익숙한 듯 이 배우의 강점을 다시금 확인하게 했어요.

그 에피소드 역시 해가 뜨고 질 때까지 총 10시간쯤, 딱 하루에 촬영했어요. 그런데 배우 입장에서는 보이는 실체가 아무것도 없는 촬영이란 말이죠. 후반작업에서 CG로 채워 넣어야 하는 부분이 워낙 많다 보니 그냥 빈

공간을 보면서 혼자서 눈물을 흘렸다가
웃었다가 별거 다 해야 했죠. 상상력을
발휘해서 짧은 시간 동안 그토록 다양한
얼굴을 보여주는 민시 배우를 보면서
이제 마블 영화 찍어야 할 것 같은데 하며
감탄했어요.

**본인이 연출한 영화
⟨차이나타운⟩부터 제작자로 참여한
시리즈 ⟨약한영웅⟩까지 늘 신인을
발굴하는 눈이 남다르십니다.
감독님의 눈에 비친 배우 고민시의
가장 큰 가능성은 무엇인가요?**
일단 외모 자체가 독보적인 부분이
있잖아요. 단순히 아름답다거나 강해
보인다는 말이 아니라 스펙트럼이 되게
넓다고 해야 하나? 삼성 광고를 찍다가
아카데미 배우상을 받아도 이상하지

않은, 독립영화계에서 한 시대를 풍미할
수 있는 얼굴로 보이는 동시에 아주
상업적인 광고에서도 자연스러운
얼굴이란 말이죠. 아이콘이 되기에
충분하고 배우로서의 인장도 분명히
새겨나가는 부분이 흥미롭게 느껴져요.

**그런 고민시 배우와 더 긴 호흡으로
만나고 싶은 마음이 있으신 거죠?**
그럼요. 일단 워낙 짧게 만나서
아쉬움이 있고요. 아직 가시화되거나
구체화되지는 않았지만 꼭 뭔가
재미있는 일을 같이 해보고 싶습니다.
사실 ⟨밀수⟩ 때 엄청났잖아요. 본인은
"류승완 감독님이 다 하신 거죠. 저는
얼굴에 분장한 것밖에 없어요" 하고
겸손하게 말하지만 우리는 이미
확인했잖아요. 고민시와 박정민이 그
쟁쟁한 대선배들 사이에서 얼마나
엄청난 존재감을 뿜어내면서 그 신들을
자기 것으로 만들어냈는지를. 차기작
⟨아무도 없는 숲속에서⟩의 티저 영상을
봤는데 거기서는 또 완전히 다른
느낌이더라고요. 그렇게 조금씩 자신의
영역을 구축해 나가는 모습을 보면
되게 멋있어요. 감히 말하자면 저는
고민시라는 배우가 어느덧 이 업계에서
하나의 고지를 가져가는 중이라고
생각해요.

GOMINSI OLOGY

ACTOROLOGY

꽃잎처럼 뿌려진 너의 붉은 피

환자의 상처에서 뿜어져 나온 피가 간호사의 희고 고운 얼굴 위로 뿌려진다. 〈오월의 청춘〉의 고민시는 피의 팡파르를 울리며 처음 등장한다. 하지만 명희는 제 얼굴에 튄 붉은 자국을 닦아낼 생각이 없다. 괴생명체와 벌이는 사투를 담은 〈스위트홈〉에서도 고민시의 얼굴에는 핏자국이 가실 날이 없다. 편상욱(이진욱)이 갑자기 달려든 괴물을 발로 퍽퍽 내리 찰 때마다 은유의 얼굴은 점점 피로 물들어간다. 〈밀수〉의 고 마담은 세관계장 이장춘(김종수)이 날린 귀싸대기에 다방 바닥에 처박힌다. 잔인하게 돌려 차는 구둣발에 앵두 같던 입술도 떨어져 붉게 짓이겨진다. 잇단 유혈의 행렬은 종종 죽음과 직결된다. 드라마 스페셜 〈잊혀진 계절〉의 노량진 고시원에 입주한 305호 학생은 8수생 준기(김무열)에 의해 우발적으로 살해되어 이민 가방에 담긴 채 갈대밭에 유기된다. 〈지리산〉에서 추락사한 다원의 피는 바위 여기저기에 흩뿌려진 채 진범이 밝혀지길 기다린다. 〈봉오동 전투〉의 누이는 3·1 운동 이후 옥에 갇혔다가 끝내 유골함에 담겨 동생에게 전달된다. 〈오월의 청춘〉의 명희는 5월의 광주에서 진압군의 총을 맞은 채 숲속에서 홀로 눈을 감는다. "더 이상 갈 데가 없소. 이대로 죽게 두시오." 〈헤어질 결심〉의 무녀는 죽음을 앞두고 마지막 숨을 내쉬고 있다. 그의 품에서 꺼낸 무명천은 피로 흥건히 젖어 있다.

헤모글로빈으로 쏘아 올린 삶의 축포

붉은 피가 품은 원시성은 자연스럽게 생명력과 연결된다. 고민시의 페르소나들은 "독한 년"(〈오월의 청춘〉), "완전 돌아이"(〈하늘에서 내리는 일억개의 별〉), "이 구역의 미친년"(〈스위트홈〉)으로 불리는 문제적 여성 캐릭터이자 잡초 같은 생명력을 지닌 인물이다. 이와 동시에 강인한 삶의 의지에 불타는 한편으로 모든 걸 미련 없이 놓고 가겠다는 각오도 되어 있다. 〈밀수〉의 고옥분은 다방 종업원에서 2년 만에 마담 자리까지 꿰차는 집념 어린 여성이지만, 결정적인 순간에는 비겁하게 목숨을 구걸하지 않는다. 모든 비극의 원흉을 부둥켜안고

바다로 낙하하는 옥분에게는 무서울 것이 없어 보인다. 이런 인물을 협박할 방법은 아무것도 없다. 언제라도 끝장낼 준비가 되어 있는 사람들은 그렇기 때문에 오늘 하루를 가장 전투적으로 살아낸다. 소멸을 두려워하지 않는 펄떡이는 생명체는 끝내 물 밖으로 살아 나와 새 삶의 숨을 터트린다.

고민시에게 피는 저주라기보다 축복이다. 이 배우의 존재를 본격적으로 알린 영화의 제목이 '마녀'라는 사실은 의미심장하다. 도로시가 북쪽 마녀의 입맞춤을 받고 노란 벽돌 길을 따라 오즈로 모험을 떠난다면, 고민시는 마녀의 삶을 선택한 친구(김다미)와 마지막 눈인사를 나눈 후 붉은 길을 헤치며 연기를 향한 모험을 시작한다. 〈좋아하면 울리는〉에서 레드 벨벳의 '빨간 맛'에 맞춰 춤추던 여고생은 〈스위트홈〉 시즌 2에서 누군가 묶어놓은 빨간 매듭을 따라 폐허가 된 세상을 홀로 탐험한다. 브라이언 드 팔마의 영화 〈캐리〉에서 주인공 캐리(시시 스페이식)의 머리 위로 돼지 피가 쏟아지던 장면을 기억해 보자. 주눅 들고 유약했던 소녀는 피와 함께 마침내 마녀성을 획득하고 아무도 건드릴 수 없는 무시무시한 존재로 재탄생한다. 피 묻은 옷을

부끄러워하지 않는 소녀들은, 피바다를 헤엄쳐 끝내 살아 돌아온 여자들은, 헤모글로빈으로 쏘아 올린 삶의 축포를 맞으며 어디로든 간다. 그 길 위에서 사랑으로 획득한 심장, 경험으로 얻은 지혜, 두려움을 이긴 용기를 안고서.

기세, 능청
그리고 유머

고민시는 능청스럽다. 하지만 그의 능청은 속을 숨긴 음흉함보다는 친근한 구수함 쪽에 가깝다. 어떤 상황에 떨어지든 좀처럼 '쫄지 않는' 담력, 가식이나 친절로 포장하지

않는 담백한 태도는 고민시만의
빛나는 무기다. 그의 연기에서는
남다른 기운이 느껴진다. 찰기 넘치는
욕설이 삶은 달걀로 막힌 목까지
시원하게 뚫어버리는 〈마녀〉의 기차
신에서 귀공자(최우식)의 뒤통수마저
당황하게 만드는 여고생의 기세는
어마어마하다. 하지만 리듬감이
살아 있는 쫄깃한 말의 맛은 정확한
발음을 기본으로 구현된다. 긴 시간
이어진 고민시와의 인터뷰를 푼 음성
기록 애플리케이션의 녹취록에서
이 배우의 말은 흘러가는 농담조차
오타가 없었을 정도다. 좀처럼
레시피를 드러내지 않지만 미리 잘
계량된 고민시의 연기 역시 넘치거나
모자라는 법이 없다. 감정의 폭주가
불편하지 않고 슬픔이 질퍽하지

않으며 명랑함이 마냥 철없지 않다.
여기에 류승완 감독의 전언대로
웃음의 포인트를 이해하는 남다른
감각까지 더해진다. 〈밀수〉의 선상
장면처럼 유체 이탈한 표정으로
멍하게 앉아 있는 고민시의 얼굴은
만인의 웃음 버튼이 된다. 〈72초TV〉
'클라이맥스 전문가' 편의 텔레마케터
선영은 하필이면 헤어진 전 남자
친구와 전화가 연결되는 난감한
상황을 맞이한다. 이후 어디까지
뻗어갈지 모르고 널 뛰는 막장
대본과 달리 고민시가 짓는 표정은
일관되게 덤덤하다.
    돌고래유괴단이 제작한 아웃도어
브랜드 광고에서도 마찬가지다.
신제품에 대한 확신을 가지고 신명
나게 프레젠테이션을 이어가는

'고민시 박사'는 자기 제품의 치명적 결함을 간과하고 있다. 결국 임원에게 "나가"라는 호통을 듣고 회사 자판기 한 켠에 우두커니 앉아 있거나, 퇴사 박스를 안고 있는 고민시의 영혼 없는 얼굴과 몸짓은 웃음 없이 볼 수 없는 '신제품 개발 잔혹사'다.

넷플릭스의 소녀, KBS의 연인

〈기묘한 이야기〉의 밀리 바비 브라운(2004년생), 〈키싱 부스〉의 제이콥 엘로디(1997년생), 〈내가 사랑했던 모든 남자들에게〉의 노아 센티네오(1996년생), 〈루머의 루머의 루머〉의 캐서린 랭퍼드(1996년생) 등은 넷플릭스를 통해 급부상한 젊은 배우들이다. 흔히 '넷플릭스 스타'Netflix's Breakout Stars 라고 불리는 이들은 넷플릭스를 통해 작품이 공개되자마자 전 세계 또래 팬들을 사로잡았다. 이들은 국가나 지역마다 다른 개봉과 편성 시기에 따라 시간차를 두고 명성을 얻은 과거의 청춘스타들과 달리 전 세계 시청자들의 순간 응집력을 확보하는 새로운 팬덤의 유형을 만들어내고 있다. 배우 고민시

역시 〈좋아하면 울리는〉 시리즈의 얄밉지만 사랑스러운 박굴미를 시작으로 〈스위트홈〉 시즌 1의 이은유로 폭발적인 주목을 받은 신인이었다. 〈스위트홈〉 시즌 2에서는 후반부에 등장하는 송강과 이도현의 부재 속에서도 이야기를 끌고 가는 중심인물로 부상했고, 2024년 공개 예정인 〈스위트홈〉 시즌 3, 〈아무도 없는 숲속에서〉까지 어느덧 넷플릭스 메인 화면의 고민시 키 아트key art 가 낯설지 않은, 명실공히 '넷플릭스의 딸'로 자리 잡았다.

KBS 월화 드라마로 방영된 〈오월의 청춘〉은 새콤달콤 빨간 맛 캔디 같던 고민시를 제대로 안방의 밥상으로까지 확장시킨 작품이다. 〈오월의 청춘〉에서 고민시는 환자를 두고 차마 발이 떨어지지 않는 투철한 직업인의 태도, 아픈 가족사를 묵묵히 안고 살아가는 속 깊은 딸의 마음, 영원히 잊지 못할 사랑을 남긴 눈물 나는 연인의 얼굴을 모두 품고 있다. 때로는 명랑하고 때로는 맹랑한 이 배우의 얼굴에 응달이 드리우는 순간, 흥미롭던 관심은 애틋한 연심으로 바뀐다. 여기에 2023년 여름을 휩쓴 영화 〈밀수〉의 고옥분은 특정 세대나 시대에 갇히지 않고 마음껏 뻗어나갈 수 있는 가능성의 구름판을 만들어냈다.

당신의 딸,
나의 누나

고민시는 모두의 딸이자 누군가의
동생이자 누나다. 〈오월의 청춘〉의
장녀 명희는 자기보다 한참 어린
남동생 명수(조이현)를 "우리
똥개"라고 부르며 살뜰히 보살핀다.
오빠를 잃은 〈스위트홈〉 시즌 2의
은유는 누나를 잃은 1210호 아이
영수(최고)를 동생처럼 돌본다.
〈라이브〉에서는 부모의 이혼에
불만을 가진 남동생에게 "누나가 아빠
같은 사람이랑 사귀면 좋겠어? 그런데
왜 엄마는 아빠 같은 사람과 살아야
하냐"며 설득하는 현실적인 누나다.
〈시크릿 부티크〉에서는 객식구처럼
딸린 미진(윤지인)뿐 아니라 그의
어린 아들까지 부양하는 가장이
된다. 〈봉오동 전투〉의 그리운 누이는
생사를 오가는 동생 앞에 환영처럼

나타나 마른입에 방울방울 생명의
물을 적셔준다. 아름다운 연인, 쿵짝
맞는 친구, 그리운 누나, 야무진 딸
그리고 현실감 넘치는 이웃의 얼굴을
한 배우 고민시는 어느 시대, 어떤
장르, 어떤 플랫폼에서도 유연하게
활용될 강력한 대중성을 가진 배우로
확장 중이다. 제아무리 '쌍스럽고'
가벼운 역할이라고 해도 마다하지
않을 이 배우는 그 인물들을 가장
귀하고 무겁게 품어낸다. 밑바닥의
싸구려 인생과 고귀한 희생을
선택하는 인물까지 모두 소화해 낼
수 있는 20대 여배우를 만나는 일은
자주 찾아오는 행운이 아니다.

〈스위트홈〉시즌 2의 은유는 발레 소녀의 긴 머리를 싹둑 단발로 잘라버린다. 그리고 "내가 내 눈으로 똑똑히 보기 전까진, 그 전까진 아무것도 믿지 않을 거야"라고 말한다. 〈지리산〉의 다원은 한겨울 지리산 꼭대기에 눈이 얼마나 높이 쌓이는지 아직 모른다. 하지만 자신이 선택한 레인저라는 일이 "원래 위험한 거"라는 것은 안다. 눈으로 보기 전까진 무엇도 믿지 않고 발로 확인하기 전까지는 무엇도 확신하지 않는 고민시의 태도는 아직 데뷔 10년도 채우지 않은 배우에게 의심 없이 '믿음'이라는 말을 붙이게 만든다. "내가 믿을 사람은 너뿐이야.

날 도와줄 수 있어?" 휠체어에 앉은 선배 서이강(전지현)이 자신의 발이 되고 눈이 될 대리인으로 다원을 선택했듯이, 스크린과 TV 앞에 앉은 관객은 이 당차고 씩씩한 신인 배우를 향해 같은 부탁을 할 수밖에 없다. 피로 물든 대지를 뚫고 피어난 동백꽃 같은 배우. 우리는 그저, 카메라 앞에 고민시가 뿌려놓은 붉은 꽃잎만 따라가도 충분히 좋을 것이다.

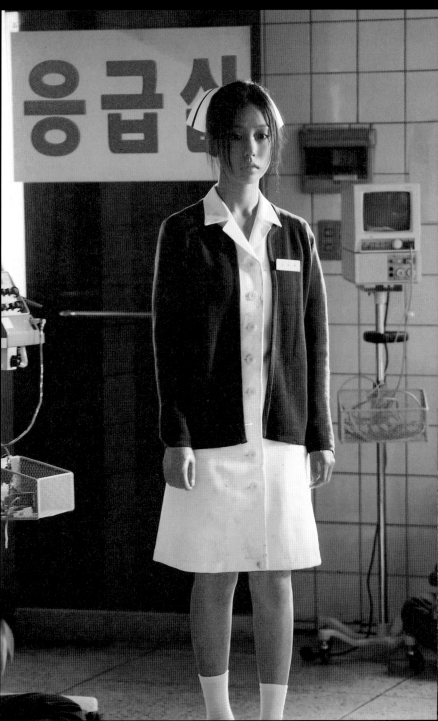

INTERVIEW

고민시
INTERVIEW

"뒤돌아보지 않아요.
무조건 앞만 봐요"

직접 만날 기회가 닿지 않아서 '넥스트 액터' 제안을 어떻게 받아들일지 내심 걱정했어요. 그런데 흔쾌히 함께하겠다는 말을 전해 듣고 더없이 행복했습니다. 특히 그 과정에서 첫 번째 넥스트 액터 박정민 배우의 도움이 컸어요. 정민 배우가 문자메시지를 공유해 주었는데, "영광입니다. 무조건 하죠"라는 민시 배우의 답장에서 어쩐지 성격이 느껴진달까. 간결하고 명쾌한 사람이라는 생각이 들었어요. 저야 당연히 소장님을 알고 있었기 때문에 정민 오빠의 연락을 받고 주저할 이유가 없었죠. '넥스트 액터'의 이름을 제가 이어갈 수 있다니 큰 영광이고요. 박정민 오빠와는 처음엔 좀 어색했는데, 〈밀수〉 개봉 때 '막내 라인'으로 묶인 '1+1 홍보 콤비'로 활약하며 더 편해졌어요. 배우 박정민은 정말 대단하잖아요. 특히 (염)정아 선배님이 얼마나 예뻐하시는지 몰라요. 늘 이런 말씀을 하시죠. "우리 정민이는 쓸데없는 짓, 허튼짓을 안 해." 저 역시 오빠를 보면서 처음엔 막연히 타고난 배우일 거라고 생각했는데 지켜보면서 엄청나게 노력하는 사람이란 걸 알게 되었어요. 하나부터 열까지 촘촘히 준비하고 똑똑하게 계산하고 현장에 나와서는 온전히 본능적으로 부딪히는 모습을 봤어요. 어떻게 저렇게 잘하지? 저런 집중력은 어디서 나오는 걸까? 늘 감탄하게 될 정도로요. 배우 박정민은 진짜 최고예요.

그런 최고의 배우가 오작교가 되어주다니! '넥스트 액터 유니버스'의 축복이 끝이 없네요. (웃음)

〈밀수〉

내 삶의 '라이프 플래너'

어린 시절을 대전에서 보냈죠?

엄마가 대전 분이거든요. 아빠 고향이
태안이라 부모님은 지금 태안에서 살고
계세요. 노후는 고향에서 보내고 싶다고
늘 말씀하셨죠. 어릴 때 저희 집은 3대가
함께 사는 대가족이었어요. 부모님이
2층에서 지내시고 저랑 외할머니,
외삼촌 이렇게 셋이서 1층에서 지냈어요.
고등학교 때를 제외하고 서울에 오기
전까지 외할머니와 함께 쭉 대전에서
살았어요.

나이답지 않은 구수한, '명감탱이'
같은 면모가 그런 환경에서 나온
거겠군요.

외할머니의 영향이 되게 크죠.
외할머니가 치매를 앓으셔서 부모님이
15년 동안 모셨어요. 엄마가 고생을
많이 하셨죠. 다른 사람들 앞에서는 치매
증상이 되게 심각하셨는데 유일하게
저랑 같이 있을 때는 괜찮으셨어요.

어릴 적에 주변에서 연예인이나
배우를 하라는 권유는 없었나요?

우스갯소리로 나중에 연예인 할 거냐는
말을 듣긴 했지만 진심은 아니었을
거예요. 저 역시 당연히 서울에 살아야만
연예인을 할 수 있다고, 나랑은 아예 다른
세계의 일이라고 생각했죠. 그런데 너
참 웃기다는 말은 많이 들은 것 같아요.
(웃음) 초등학교 때인가? 동네에서
무슨 노래 축제 같은 거 했는데 거기

나가서 장윤정의 '어머나'를 부르고 문화
상품권을 탄 기억이 있거든요. 어릴
땐 사람들 앞에서 뭔가 보여주는 걸
좋아했던 것 같아요. 하지만 부반장이나
서기 같은 건 몰라도 반장이나 회장은 안
했어요. 그런 걸 맡으면 반 친구들한테
햄버거나 피자 같은 걸 돌려야 할 텐데,
막연히 엄마 아빠한테 부담스러울 수도
있다고 생각했죠.

청주에 있는 미용 고등학교에
진학했잖아요.

중학교 때 성적이 중-상위권을 유지했고
내신 성적도 나름 나쁘지 않은 편이었던
터라, 미용 고등학교에 진학하고 싶다고
했을 때 선생님들도 부모님도 엄청
놀라셨어요. 처음엔 왜 2년제 고등학교를
가냐, 인문계 고등학교 졸업한 후에
사회생활을 하면 되지 하면서 말리셨죠.
학교 다닐 때 좀 놀아서 청주까지 갔다고
오해하는 분들도 있는데 (웃음) 순전히
제 의지였습니다! 당시엔 저만의 확실한
플랜이 있었거든요. 빠른 연생이니까
남들보다 1년 더 일찍 학교에 들어갔고,
거기는 딱 2년만 다니면 학교 특성상
취업도 일찍 할 수 있으니까요.

왜 그렇게 일찍 사회에 나오고
싶었을까요?

어릴 때 부모님이 맞벌이를 하시고
외동딸이다 보니 저 혼자 지낸 시간이
많았어요. 게다가 집안이 부유한 편은
아니었기 때문에 하고 싶은 것을 못

하고, 사고 싶은 것을 못 사는 상황도 많았죠. 우리 식구들은 왜 양말을 두세 번씩 꿰매서 신어야 할까? 쉽게 말해 구질구질하게 살고 싶지 않았던 것 같아요. 얼른 사회에 나가 내 돈을 벌어서 내 마음대로 쓰면서 살고 싶다는 생각이 항상 마음속에 있었어요. 그래서 이왕이면 막연한 공부보다는 실용적이고 전문적인 기술을 배우고 싶었죠. 제가 다닌 학교는 국영수 같은 일반 과목 수업도 하지만 헤어 스타일링, 피부 관리, 네일 아트 같은 기술적인 것들을 더 많이 가르치는 곳이거든요. 일단 얼른 취직하는 것이 제 플랜이었기 때문에 졸업하기도 전에 웨딩 숍에 들어갔죠. 대전에서 꽤 큰 규모였고 계열사도 엄청 많은 곳이었어요.

처음부터 웨딩 플래너가 되겠다는 생각을 한 거예요?

학교에 다닐 때 메이크업 관련 자격증을 땄기 때문에 숍에서 신랑 신부 메이크업부터 시작했어요. 그러다 우연히 웨딩 플래너를 해볼 생각이 있느냐는 제안을 받은 거예요. 당시 저희 숍에 제가 늘 꿈꾸던 롤 모델 같은 여자 실장님이 있었어요. 결혼한 분인데 자기 일을 즐기고 사랑하고 또 매번 멋지게 해내셨죠. 저를 늘 '고'라고 불렀는데, 그분이 벤츠를 타고 다녔거든요. "고, 자기도 빨리 열심히 해서 나처럼 좋은 차 타고 다녀야죠" 그러셨어요. 그 말에 얼른 돈 벌어서 꼭 실장님처럼 벤츠를 탈 거야! (웃음) 하고 다짐했죠. 상담하는 요령부터 일에 필요한 화법까지 실장님에게 열심히 배웠어요. 그곳에서 2년 가까이 다양한 신랑 신부를 만나면서 쉬지 않고 일했죠. 6개월에 한 번씩 승진 기회가 있었는데, 저는 초반 수습 기간을 제외하고는 6개월마다 매번 승진해서 팀장까지 올라갔어요. 한 달에 신랑 신부 계약을 몇 건 이상 해야 한다 하는 등의 승진 조건이 있었는데 그걸 매번 달성했죠.

아! 대전 웨딩 업계는 영화계에 훌륭한 인재를 뺏겼네요. (웃음)

회사를 그만두고 서울에 연기하러 간다고 했을 때 사장님이 지금 제정신이냐, 이제 곧 승진도 할 테고

월급도 계속 올려줄 텐데, 배우가 웬 말이냐며 극구 말리셨죠.

다양한 신랑 신부를 만났다는 말은 결국 다양한 사람들을 겪었다는 말도 될 것 같은데요.

맞아요. 좋은 분도 많이 만났고 되게 예민하고 까다로운 고객도 있었어요. 꽤 이른 나이에 일을 시작한 터라 가까운 동료들 말고는 제 나이를 몰랐거든요. 신랑 신부들에게도 너무 애처럼 보이면 안 되니까 간혹 어려 보인다며 나이를 물어보면, 동안으로 봐주셔서 감사하다며 넘어갔어요. 그런데 가끔은 인생에서 결혼이 얼마나 중요한 일인데 그걸 담당하는 웨딩 플래너가 왜 이리 어리냐며 항의하는 경우도 있었어요. 믿음이 가지 않으니 나이 지긋하고 훨씬 더 경험이 풍부한 사람으로 바꿔달라는

식이었죠. 혼자 화장실에서 울기도 많이 울었어요. 게다가 계약이 늘어갈수록 신랑 신부들의 문의 전화가 더 많아지고, 그에 비례해서 이런저런 컴플레인도 늘어났죠. 그야말로 핸드폰이 쉴 새 없이 울려댔어요. 어느덧 제 삶이 사라지고 있었던 것 같아요. 문득 이런 생각이 들더라고요. 아… 내가 원한 건 돈 버는 게 아니었구나. 막연히 어른이 되고 돈을 벌면 행복할 줄 알았는데 이런 삶은 전혀 행복하지 않구나. 이건 내 꿈이 아니었구나. <u>그럼 내가 진짜 원하는 건 뭐지?</u> 내가 행복했던 순간은 언제지? 처음으로 이런 생각을 해봤어요.

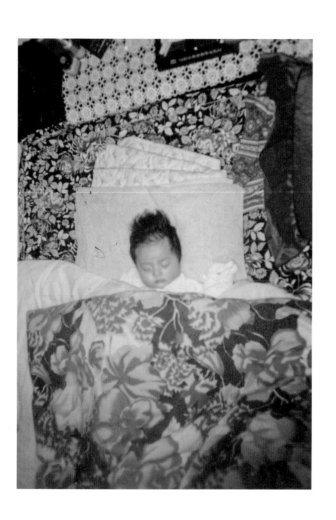

비긴, 어게인

어릴 적 꿈은 뭐였어요?

엄마 꿈이 여군이었거든요. (웃음) 전
학교에 다닐 때 장래 희망 쓰는 칸을
항상 빈칸으로 남겨두거나 외교관,
군인 같은 부모님 꿈을 대신 쓰는 일이
잦았어요. 사실 꿈이 없었던 거죠.
하지만 더 어릴 때를 기억해 보면
막연히 탤런트가 되고 싶다는 생각을
했던 것 같아요. 겨울에 이불 속에서
귤을 까먹으면서 방송국 연말 시상식을
보는 걸 좋아했어요. 그리고 거기에
나오는 배우들을 꿈꾸듯이 동경했던
기억이 나요. 하지만 그건 불가능한
꿈이라고 생각해 잊고 지냈죠. 그런데
일에 지쳐가던 어느 날, 만약 내가 꾼
유일한 꿈이 딱 그거 하나라면 더 늦기
전에 도전이라도 해봐야 하는 게 아닐까,
당장 서울에 가지 않으면 나중에 땅을
치고 후회할 것만 같았어요. 그게 무슨
자신감인지 모르겠는데 뭔가 할 수 있을
것 같다는 느낌도 왔고요. 한동안 그
생각이 머릿속을 계속 맴돌고 마음속을
떠나지 않고 있었죠. 그러던 어느 비 오는
날, 영화를 보러 갔어요. 〈비긴 어게인〉.
영화를 보고 극장 문을 나오는데 왠지
모르게 마음의 결정을 딱 내려버리게
되었어요.

자신의 삶을 '비긴 어게인' 하기로?

네. 그렇게 마음을 먹고 서울의 집들을
찾아보고 그곳에서 지내는 내 생활을
상상해 봤어요. 이 집에서 살면서 연기
학원을 알아보고 연기를 배우면… 하는
식으로 생각이 착착착 진행되더라고요.
그래서 혼자 고민하다가 불쑥 사직서를
내고, 뜬금없이 연기하러 서울에
가겠다고 부모님께 말씀드렸죠. 반응은
고등학교 갈 때와 비슷했어요. 무슨
소리를 하는 거냐, 도대체 거기가 어떤
데고 어떤 길인 줄 알고 가려 하느냐고
말리셨어요. 하지만 저는 가야 한다고, 갈
거라고, 내가 번 돈으로 가겠다고 했죠.

**사회생활을 썩 잘했으니 벌어놓은
돈이 좀 있었겠네요?**

그때가 딱 스무 살 되던 해였는데 팀장
직급에 인센티브까지 해서 많게는 월
400만 원 정도 벌었던 것 같아요. 학원에
다니면서 타지 생활을 하기에 충분한
돈은 아니었지만 일단 서울에 가겠다,
내 앞가림은 내가 하겠다 하면서 계속
설득했어요. 결국 딱 1년만 지켜보겠다,
네가 배우로서 가능성이 있다는 것을
그 안에 보여줘야 한다는 조건으로
부모님의 허락을 받고 마침내 서울로
올라오게 된 거죠.

**일단 한번 결정하면 어쨌든 해내는
사람이군요.**

그런 것 같아요. 뒤는 잘 안 돌아봐요.
저는 무조건 앞만 봐요.

서울에 와서 제일 먼저 한 일은 뭐였어요?

일단 연기 학원부터 찾아봤어요. 출신 배우가 누구인지, 학원비는 얼마인지, 커리큘럼은 어떤 식으로 진행되는지, 검색해 봤는데 모든 학원이 대체로 비슷하더라고요. 그중에 강남에 있는 한 학원에 등록하고 문래동 쪽에 집을 구했죠.

강남에 있는 학원에서 거리가 꽤 떨어진 곳인데, 왜 문래동을 첫 정착지로 택한 건가요?

원래는 여의도에서 살고 싶었어요. 초등학교 6학년 때인가 처음 서울에 올라왔을 때 머문 집이 여의도공원이 보이는 곳이었는데, 그 기억이 참 좋았거든요. 그리고 여의도 근방에 살기라도 하면 아르바이트를 하더라도 오며 가며 방송국 관계자들과 마주치지 않을까 하는 아주 부푼 희망을 안고 문래동 오피스텔에 들어갔죠. 하지만 이후 1년 동안 월세를 내는 것만으로도 가진 돈이 금방 푹푹 줄어들기 시작했어요. 아르바이트를 하고는 있었지만 결국 부모님께 다시 손을 벌려야 하는 상황이 되었죠. 사실 학원에 다니고 있지만 항상 똑같은 것만 시키는 느낌이 들었어요. 지문과 대사를 읽으라고 하고 숙제를 내주면 끝이었죠. 어쩐지 얻는 것도 없고, 느는 것도 없는 느낌이 드는 거예요.

이 정도라면 굳이 돈을 내가면서 학원을 다닐 필요는 없다는 생각이 들었어요. 학원 말고 진짜 학교를 가야겠더라고요. 그래서 이번엔 대학 연기과 입시를 준비하기 시작했어요. 그때가 6월 말 정도였고 보통 입시가 10월이나 11월부터 시작되니까 준비할 시간이 무척 짧았죠. 일단 작고 허름한 연습실에 들어가서 3~4개월 동안 입시 준비를 했어요. 입장해서 걷는 방식부터 인사하고 자기소개 하는 법, 대사를 읽고 몸 쓰는 법까지 시키는 대로 따라 했어요. 여기서는 울어야 하고 여기서는 이런 방식으로 호흡해야 하고… 사실 무슨 감정인지도 모른 채 그냥 반복해 연습했어요. 이런 훈련을 새벽 6시부터 저녁 6시까지 매일 12시간씩 하다 보니 사람이 미쳐가더라고요. 게다가 다이어트도 해야 한다고 해서 새벽에 일어나 동네 천변에서 줄넘기를 3천 개쯤 미친 듯이 한 후에 파워 워킹으로 여의도까지 걸어갔어요. 거기서 연습실이 있던 한성대 입구 쪽으로 가는 버스를 타고 가다 보면 KBS가 보이거든요. 방송국 건물 외부에는 늘 당시 방영하는 드라마 포스터가 큼지막하게 걸려 있었죠. 나중에 이 길을 지나갈 때는 무슨 생각을 하게 될까, 그때 나는 어떤 모습일까, 매번 그런 막연한 희망을 품은 채 방송국을 바라본 기억이 나요.

그리고 몇 년 후 그 자리에 〈오월의 청춘〉 포스터가 걸렸죠. 시상식의 주인공을 꿈꾸던 어린아이는 어느덧 청룡영화상에서 신인상을 받고, '민시둥절' 밈을 만들어낸 배우가 되었고요.

그러니까요. 참 신기한 것 같아요. 그 시절에서 다른 세계로 쑤욱 빨려 들어온 느낌이 여전히 있어요. 사실 저는 그날의 수상을 전혀 예상하지 못했어요. 그저 김혜수 선배님의 마지막 무대를 축하드릴 생각만 하고 있었어요. 〈밀수〉는 이렇게 좋은 분들과 만난 것만으로도 과분하다고 생각했죠. 물론 개봉했을 때 홍보와 무대 인사는 정말 열심히 했으니까 제가 생각해도 '홍보상'은 받을 만하지만. (웃음) 그런데 배우가 일생에 단 한 번 받을 수 있는 신인상을 내가 받아도 되는 건가 하는 생각이 계속 들면서 한동안 그 사실을 받아들이지 못하고 멍하니 있었던 것 같아요. 〈오월의 청춘〉 때도 그랬고, 저는 원래 수상 소감을 준비하는 편이거든요. 그래야 제가 하고 싶은 말을 짧고 분명하게 하고 내려올 수 있으니까. 그런데 청룡영화상 때는 정신이 하도 없어서 두서없이 말한 것 같아 아쉬워요.

노련하면 신인상 수상자가 아니죠. 수상 소감은 두서없는 것이 제맛이고요. (웃음) 부모님이 엄청 기뻐하셨겠어요.

엄마 아빠가 얘기를 왜 안 했느냐며 서운해하셨죠. 수상 후보에 올랐다는 말도 안 했으니까. TV를 돌리다가 저랑 비슷하게 생긴 애가 나왔는데 가만히 보고 있으니까 옆에 (박)정민 오빠가 같이 있더래요. 그럼 저 사람 우리 딸이 맞는데 싶어 시상식 중간에 전화도 하셨더라고요. (웃음) 그런데 심지어 상까지 받아서 진짜 깜짝 놀라셨다고. 제 제일 친한 친구도 다음 날 그 '짤'을 보고 알았을 정도였죠.

하늘에서 내리는 천 개의 오디션

그나저나 입시 결과는 어떻게 되었나요?

다 떨어졌어요. 딱 한 곳만 1차에 합격했고. 저는 사실 한예종에 들어가고 싶었거든요. 그때가 박정민, 변요한, 김고은 선배 등 한예종 출신 배우들이 한창 데뷔하던 시기였죠. 특히 한예종에 마음을 잘 가르치는 교수님이 계시는데 그분 수업을 꼭 받아보고 싶었어요. 그래서 이번엔 한예종을 목표로 입시에 재도전하려고 했는데 어쩐지 자꾸 불안하더라고요. 어느덧 시간도 점점 더 빨리 흘러가는 것 같고, 나만 자꾸 늦어지는 것 같고. 그래서 일단 웹드라마나 단편영화라도 찍어봐야겠다 싶어서 배우 프로필을 찍는 스튜디오를 검색해서 제 돈 내고 프로필을 찍었어요.

그 프로필 사진이 좋은 결과로 이어졌나요?

제 인스타그램에 있는 사진들을 보고 72초TV 팀에서 연락이 온 거예요. 혹시 미팅을 할 수 있느냐고 해서 다음 날 가서 대본을 읽었는데 바로 촬영은 언제쯤 하면 좋을 것 같다며, 저희가 페이는 많이 못 드려요, 하시더라고요. 아마 100만 원 정도 되었을 거예요. 당시 저한테는 아주아주 큰돈이었죠. 사실 돈 안 받아도 되는데… 너무너무 감사합니다 하고 촬영하게 되었어요. 흔히 '기억녀'라고 불리는, 장희령 배우 동생 역으로 처음

나왔고 이후 다른 콘텐츠도 찍었어요. 그때부터 여기저기서 연락이 오기 시작하더라고요. 큰 회사들도 거의 다 미팅을 했는데, 지금 소속사가 가장 저를 배우로 봐주셨어요. 지금도 함께 일하는 홍성태 본부장님이 유일하게 저에게 존댓말을 쓴 분이에요. 대부분 그냥 애로 보거나 상품으로 대하는 것이 느껴졌고, 정말 말도 안 되는 조건을 제시하기도 했거든요.

사회생활을 경험한 것이 불합리한 상황을 빨리 파악하는 데 도움이 되었을 것 같아요.

오디션을 볼 때면, 고등학교도 그렇고 대학교도… 연기 전공이 아니네? 아… 알겠어요, 하는 반응이 많았어요. 일단 색안경을 끼고 본다는 생각이 들었죠. 제 눈에는 실력으로 보면 그냥저냥 비슷한 참가자들인데 어느 어느 대학을 나왔다 하면 더 좋게 봐주는 게 느껴졌어요. 뭔가 잘못됐다, 불공평하다고 생각했고, 너무 속상했어요. 연기를 전공하지 않아도 잘될 수 있다는 걸 꼭 보여줘야겠어! 하는 마음이 그때부터 꿈틀꿈틀 끓어오르기 시작했죠. 그러다가 드라마 〈엽기적인 그녀〉의 오디션에서 오진석 감독님이 그러시는 거예요. "연기 어디서 배웠어요?… 그런데 왜 잘하지? 배우지도 않았는데? 참 희한하네…" 그 말이 제게 얼마나 힘이 되고 감사했는지 몰라요. 첫 배역은 7공주 중 한 명인 '선경'이라는

캐릭터였는데 초단역이었어요. 하지만 저는 그 대본이 너무너무 소중해서 진짜 맨날 봤어요. 작은 역할이지만 잘해내고 싶어서 전체 대본을 처음부터 끝까지 엄청 열심히 읽었던 기억이 나요. 그 이후로 오디션을 미친 듯이 봤어요. 느낌상 한 천 번 가까이? 수없이 떨어졌어요. 그러다가 박훈정 감독님의 〈마녀〉라는 작품의 오디션이 들어온 거죠.

〈마녀〉는 캐스팅 단계부터 주목도가 꽤 큰 작품이었죠.
4차까지 오디션을 몇 달에 걸쳐서 본 것 같아요. 그때 머리카락도 진짜 많이 빠졌어요. (웃음)

특정 배역을 놓고 보는 것이 아니라 비슷한 또래를 모아 모든 배역의 가능성을 다 열어놓고 보는 오디션이었어요. 처음에는 조감독님이 오셔서 카메라로 영상 찍어 가시고 2차, 3차까지 올라가게 되었죠. 속으로 이러다가 진짜 되는 거 아니야? 기대가 생기기도 했는데 본부장님이 그러셨어요. "되겠어? 절대 안 돼. 그냥 편하게 봐." (웃음)

너무 긴장할까 봐 마음을 풀어주려고 한 말이 아닐까요?
아마도 그러셨겠죠? 하지만 당시 제겐 그 말이 너무 큰 상처가 됐어요. 진짜 합격하면 어떻게 하시려고? 일단 나는 무조건 할 수 있어, 하는 마음으로 계속 오디션을 봤는데 어느덧

최종이라는 느낌이 들더라고요. 어느 날 감독님이 시나리오를 받으러 오라고 하셨어요. 원래 명희는 체구가 좀 큰 역할이었대요. 그런데 감독님은 제가 마음에 들어서 아예 얘를 살을 더 찌워서 명희로 캐스팅해 보자고 하신 거고요. 기대한 주인공은 아니지만 일단 배역을 주셨으니까 감사합니다 하고 집에 와서 대본을 보는데… 아… 이런 역할이라고? 그야말로 큰일이 난 거죠. 그때는 연기를 준비하는 방식이 지금과 많이 달랐거든요. 그냥 음 하나하나 달달 다 외워가면서 매일같이 연습을 했어요. 욕 잘하는 분들, 김수미 선생님 영상 같은 것도 다 찾아서 들으면서, 어떻게 하면 욕을 더 차지면서도 위트와 템포감을 살려 할 수 있을지 사운드 연구도 했어요. 그다음엔 입에 더 잘 붙을 수 있도록 계속 반복했고요. 고등학생들의 생활이 담긴 영상도 많이 찾아서 봤어요. 특히 (김)다미와 자주 만나서 최대한 친해져야겠다고 생각했죠. 홍대 카페 같은 데서 만나 떠들고 웃고 놀다가 카메라 앞에 놓고 저희끼리 대사 맞춰보기도 하면서. 이런 친밀감이 촬영할 때도 무척 큰 도움이 됐고요. 게다가 명희는 다이어트도 안 해도 되잖아요. 현장 밥차의 음식이 워낙 맛있어서 정말 입에 달걀을 문 것처럼 볼이 통통하게 15kg 정도 찌웠죠. 서울역에서 촬영하고 있으면 다미도 저도 무명이었으니까

독립영화 찍나 봐, 파이팅! 열심히 해요,
하고 지나가는 분들도 있었죠. 너무
행복한 촬영이었어요. 특히 명회를 맡게
된 것이 제게는 아주 값진 경험이었죠.

**어느덧 엄마에게 약속한 1년은 이미
지난 시점이었죠?**

입시에 한창 떨어질 무렵이 아마 1년쯤
됐을 때일 거예요. 엄마가 이제 그만 정신
차리고 대전에 내려와서 다시 일하라고
하셨는데, 제가 딱 1년만 더 해보겠다고,
그 안에 뭐라도 하겠다고 약속해서
허락을 받았어요. 〈마녀〉를 찍을 때가 1년
반 정도 지난 무렵이었죠.

**사실 배우가 되기로 처음 결심하고
1년 반 만에 제대로 된 배역을 맡고
카메라 앞에 설 수 있었다는 건 꽤
빠른 편이기도 해요. 물론 그사이
오디션을 천 번쯤 봤다는 사실이
충격적이지만. (웃음)**

계속 떨어지고 거절당하면서도 내가 안
될 거라는 생각은 <u>단 한 번도 한 적이
없어요.</u> 다만 시간이 엄청 오래 걸릴

거라고는 예상했죠. 무슨 일을 하더라도
10년은 해야 된다고 하니까 저는 일단
15년 정도 잡긴 했어요. 연극을 해도
좋고 조연이든 단역이든 직업적으로
연기를 하는 사람이 되고 싶었어요.
그러다 예상보다 빨리 하나씩 하나씩
기회가 찾아오기 시작한 후부터는 운을
너무 일찍 끌어다 쓰는 건 아닐까 걱정이
될 정도였죠. 매번 오디션에 낙방하면
내가 왜 떨어졌는지 굉장히 현실적으로
파고들었어요. 이 상황을 객관적으로
보려고 했고 그 이유를 분석하고, 그걸
고치면 한 번의 기회를 얻고, 다음에 또
떨어지면 또 뭐가 문제인지 파악하고,
또 하나 고치면 또 다음 기회를 얻고
이런 식이었죠. 고쳐야 할 부분을
빨리빨리 개선하고, 안 되는 걸 빨리빨리
인정해야겠다는 생각만 했어요.
그때의 저는 (MBTI상) 영락없이 'T'고
'P'였어요. 지금은 완전히 바뀌었지만.

[상단 메모지]

9:00 연습실 도착 & 몸풀기 체조
9:00 ~ 10:00 몸풀기 & 스트레칭
10:40 ...
... 주·자·질의 응답
... 휴식 & 점검
... 읽기 / 작품 읽기
... 수업
... ...기 등 ...
...기 정...기 취침

[왼쪽 메모지]

· 8/6
... 9:00 → 자막 연습
... 끝

오늘은 오시쯤 연습실에 도착해서 몸 풀고, 발성 연습을 한 다음
자막 연기 연습을 ...개 해본 뒤 지금 이 순간에도 어떨까...
입시연습도 하고 좀 대사 ...애들 에게도 에바는 할 때 우슨 생각들이
했다. 오늘 계속 버스 안에서도 예바를 할 때 ...이랑해 ... 같다. ...
무슨 생각을 할까 ...이 ...것 같다. ...독기간에도 아직에
...가. 계속 새...나 ...이 ...성이 났었다. 그러고 ... 수업(5,6교시)에
... 계속 그랬...
...가... 계속 그랬 ... 아니다
...에 ... 내 연기가 아닐까
... 났었다. 목소... ...주려고
안쓰였다. 세기까지 ...
...도 했었지만, ... 이 ...
...는데도 아쉬웠다 ... ...
상대방 ... 눈빛 ... ...
... 부분 에바의 연...
... 시간 전에 ...에 ...
첫 대사부터 ... ...
...었다. 그러고 중간중간 ...
비... 많았다. ...
... 만큼 ...
하만 ... 만큼 ...
내 쓰... 그... ...
... 하야겠다.
가슴이 느끼...
내 숨소리 ...
... 있어주고
-.-. 막음을 걸고

[오른쪽 메모지]

난 연기를 위해서, 연기만을 위해서 ...
내 사랑, 내 친구들, 하나뿐인 내 가족.
오지 연기만을 위해서. 난 철저히
외롭고 공허하고 슬퍼도 난 정신을 ...
서있어야한다.

...을 내서라도 난 연기를 위해서 내
절대 물러서지 않을 것이며 앞서 싸운 것
내가 느끼는 이 모든 감정들은 연기에
내가 연기하는 것에 있어서 방해가 되는
마주하지 않을 것이다. 난 내 꿈 내
지금까지 달려온 것은 저버릴 수 없어.

[하단 메모지]

첫사꽃 당신 ♥☆☆
사랑한 아내에 대한
절절한 사랑.

→ ...피 태운 꽃이 아니다.
   ...한 꽃이 아니다 ... 잡았는데
   언제 와라 피느냐가 계속 ...
   ...요. 이 꽃같이 ... 그 당신 것
...하기 →
... →

- 마지막 까지 연기를 끝낼거나
- 이 말은 내 하고자 명확히 보여야함
- 레데스 너무 자함, 말은 X
- 행동이 바뀌어야하고...
- 목소리 분명해야 이유가 분명해야음
- 8/12
- 무조... 이 사람이 보 통해 할 수 있음
- 블레어 너무 많이 후벼 어떻게 빠졌었나면 좋겠다.
- 나. 너. 때를 잊지마라 / 얘기 끝지 알기
- 확각해져라
- 왜? 가 꼭 보여야함 (제시대사)
- 받음 발생. 좋음 > 나. 너. 때 > 여러가지 상황

- 바뀌라. 폼일 없이 바뀌라.
- 거짓으로 연기하지 말 것

돌기했다.
...게 명명하게
...장였다.
... 것이다.
...기에 잔대

막히는 것은 이누었 때의 부지럼 *
소늘도 나 내 받았은 한다.
연습실에서 만 번 이상은 들여야 한다.
길히려는 목심은 바려라.
잘하는 사람 < 진심으로 하는 사람.
그것은 졀말두 ,, 해생 인수
난 나의 왕. 내가 흥저능해야 하는 것 나다
잔참이툰 생장 쓰지 말아라.
내 뜨기에 거여가 되라.
                                            제약

꿈을 현실로 만드는 공식, R=VD
오디션의 시간을 어떻게
견뎌냈나요?

제가 중학교 때였을 거예요. 어느 날
엄마가 삼촌 방에 가서 책 좀 읽으라고
하셨죠. 같이 살던 외삼촌이 국사
선생님이라 책이 무척 많았는데
저는 원래 책을 도통 좋아하지 않는
애였거든요. 툴툴거리면서 들어갔다가
『꿈꾸는 다락방』이라는 책을 꺼내
읽었는데 '꿈을 현실로 만드는 공식,
R=VD'라는 말이 눈에 들어왔어요.
생생(Vivid)하게 꿈꾸면(Dream)
현실로 이루어진다(Realization)는
말이었어요. 빌 게이츠, 스티븐 스필버그
등 세계적으로 성공한 사람들의
실질적인 경험담을 읽으면서 저 역시 제
삶에 'R=VD'라는 공식을 적용해 보기
시작했어요. 근데 정말로 이루어지기
시작한 거예요. 선명하게 상상하며
꿈꾸고, 저에 대한 믿음이 있으면 언젠가
이루어진다는 말이 실제로 증명되어
가는 과정을 경험하면서 지금도 저는 그
마음을 잃지 않는 한 무조건 될 거다라는
<u>확신</u>을 가지고 있어요.

자기 인생을 통해 스스로를 시험해본
사람. 그렇게 도출된 결과물을 보고,
느끼고, 획득해본 사람만이 가지게
되는 자신감은 남다른 것 같아요.
그건 나이와 상관없고 뺏을 수도
뺏길 수도 없는 거라고 생각해요.

그와 더불어 기질적으로 타고난
배짱도 있는 거죠?

어릴 때도 뭐든 그냥 하면 하는 거지
하는 생각은 늘 했어요. 다른 사람들이
보기에는 배짱이 좋다고 느낄 것
같기는 해요. 속으로 엄청 긴장해도
겉으로 절대 티 내지 않으려고 애를
쓰거든요. 특히 오디션에서 수없이
떨어지면서 느꼈어요. 저 사람들
앞에서 약한 모습을 보이는 순간 일단
마이너스구나 하고요. 뭔가를 보여줄
땐 당당하게, 하고 싶은 말도 후회 없이
하고 나오자는 마음이 생겼죠. 연기할
때는 진심을 담아서 해야 하지만,
한 작품의 당락에 크게 목매지 않는
마음가짐이 중요하다는 것도 느꼈고요.
촬영 현장에서는 긴장하는 모습을
내보이면 거기에 제가 말리더라고요.
난 쫄지 않는다, 나는 대범하다 이렇게
일부러 세뇌하는 부분도 있어요. 그게
프로다운 모습이라고 생각하죠. 아무리
대단한 감독님이나 대선배들을 만나도
강심장으로 긴장한 속내를 보이지 않을
수 있게끔 트레이닝이 된 것 같아요. 물론
그분들 눈에는 다 보이고 들키겠지만요.
(웃음)

가끔 앤 도대체 뭐지 하는 반응도
맞닥트렸겠어요.

연기를 할 때 이해가 되지 않으면 계속
여쭤보는 스타일이기는 해요. 감독님의
디렉팅과 제 의견이 다를 때도 바로

물어보거든요. 보통 신인 배우들은 그런 질문을 잘 안 하나 보더라고요. 저는 몰랐어요. 다들 물어보는 줄 알았어요. 다행히 제가 만난 감독님들은 자기가 하고 싶은 이야기를 할 줄 아는 배우라고 오히려 좋아해주셨던 것 같아요.

입시를 위한 연기 수업과 실제 현장에서 배우에게 필요한 기술은 다르잖아요. 이런 기술은 누가 가르쳐주는 것도, 혼자 깨우칠 수도 없는 것이죠. 경험을 통해서만 얻을 수 있는 이런 공부는 어디서 했나요?

조역과 단역으로 아주 많은 현장을 경험했어요. 어떤 작품은 저랑 같이 온 스태프가 멀찍이 떨어져 서 있는데도 "씨발, 거기 누구야? 나오라고! 카메라에 걸린다고!" 이렇게 욕도 하시면서. 아니 왜 저렇게까지 하지? 그냥 나오라고 하면 될 텐데. 당시에 저는 막 연기를 시작한 터라 카메라 앵글도 잘 모를 때였거든요. "야, 왜 정면만 보고 가! 카메라 쪽으로 몸을 열어야지!" 감독님이 연신 소리를 지르는데 몸을 연다고? 어디로? 뭘 어떻게 열어? 뭔 말인지 하나도 모르겠더라고요. 그때 촬영감독님이 몸을 이 방향으로 이렇게 틀어서 여기를 보라고 말씀해 주셔서 죄송합니다 죄송합니다 하면서 겨우 촬영을 끝낼 수 있었어요. 당시 매니저 오빠는 들은 대로 다 얘기해 주는 스타일이라 차에서 그 감독님 말을

전해주더라고요. "민시야, 감독님이 너 왜 그렇게 신인같이 연기하냐고 하셨어. 그리고 '씨발! 얘 도대체 누가 캐스팅한 거야!'라고도 하셨어." 누구겠어요. 감독님이 캐스팅한 거죠. (웃음) 하지만 전 이런 자극을 그냥 모두 듣고, 되도록 피하지 않고 받으려고 했어요. 결국 그 시간들이 제 '잡초성'을 더 키워주었죠. 어떤 감독님은 오디션에서 어떤 배우 제일 좋아하냐고 물어서 장만옥 배우라고 했더니 그럼 이 대본 줄 테니까 한번 장만옥처럼 연기해 보라고 한 적도 있어요. 그래서 대본을 읽었더니 그러더라고요. "장만옥처럼 못 하네." (웃음)

당신이 왕가위가 아닌데 어떻게 장만옥처럼 연기를 하느냐고 대답하지 그랬어요. (웃음)

그렇게 약간 짓궂은 감독님도 있었고 좋은 분도 많았어요. 짧은 기간에 집약적으로 이런저런 오디션을 보다 보니 오디션에 어떻게 임해야 하는지도 터득하게 됐고, 한 작품의 당락에 집착하거나 혼신의 힘을 다하지 않아도 된다는 것도 깨닫게 되었죠. 그냥 처음부터 내 것이 아닌 것이 있는 거고, 만약 확실히 뭔가 있다는 생각이 들면 쓸데없는 데 신경 쓰지 말고 일단 기본적인 연기나 잘하자는 마음만 확고하게 있었던 것 같아요.

INTERVIEW 149

녹록지 않은 과정이었지만 적어도
자신에 대한 의심 없이 지금까지 온
셈이네요.

저는 지금도 그렇고 앞으로도 그럴
것 같아요. 거절당하면 속은 상하지만
열정은 언제나 넘쳤거든요. 입시에 다
떨어지고 처음으로 혼자 국밥집에 가서
콩나물국밥에 소주를 시켜서 마셨어요.
나 이제 어떡하나 싶고, 그때는 말할
수 없이 슬펐거든요. 그래도 열정은 한
번도 꺾인 적이 없어요. 물론 새벽마다
줄넘기를 하던 스무 살의 열정에는 못
미치지만, 지금도 여전히 이 길을 선택한
데 대해서 후회한 적 없고 뒤돌아본 적도
없어요.

총알을 장전하라

웨딩 플래너로 일할 때는 유효하던 말투나 행동이 연기할 때는 좋지 않은 요소로 작용하는 경우도 있었을 것 같아요.

무조건 있었죠. 처음에는 특유의 '쪼'라고 하나? 특히 말끝을 끄는 게 되게 심했는데 저는 전혀 인지하지 못하고 있었어요. 그런데 주변 선배님, 선생님들이 왜 이렇게 말끝을 끄느냐며 "끊어!" 하는데 그게 마음처럼 되지 않더라고요. 하도 답답해서 계속 말 끊는 연습만 했어요. 그리고 대본이 완벽하게 숙지되지 않거나 미처 제 것으로 받아들이지 못한 경우에는 자꾸 음이 올라가는 거예요. 한두 마디면 몰라도 끝을 늘이거나 높이는 목소리를 몇 분 이상 계속 들으면 거북하고 피로하다는 걸 알겠더라고요. 그걸 빨리 고쳐야 하는데 고치기가 무척 어려웠어요. 〈마녀〉 시사회 때 처음 영화를 보는데 등에 식은땀이 줄줄줄 나더라고요. 일단 말이 지나치게 빠르게 느껴졌어요. 아… 너무 못했다. 난 이제 영화 다시 못 찍겠다. 그런데 상대적으로 다미는 너무 잘하는 거예요. 와, 다미는 어떻게 저런 표정이 나오지? 촬영장에서 저랑 연기하는 다미는 늘 밝고 웃는 모습이었거든요. 다미 혼자 촬영한 어둡고 깊은 장면은 제가 못 봤으니까요. 텅 비어 있는 얼굴, 저는 한 번도 생각지 못한 모습을

그 친구한테서 본 거예요. 만약 내가 연기한다면 어떤 얼굴이었을까? 저에게는 그런 스펙트럼이, 그런 총알이 애초에 없다는 걸 깨달았어요. 〈라이브〉 때도 그랬어요. 이 작품은 여전히 저에게 가장 아픈 손가락이에요. 엄마가 언젠가 우리 딸도 노희경 작가님 작품을 하는 날이 올까? 하고 기대를 내비치셨는데, 제가 진짜로 작가님 작품에 출연하게 된 거예요. 아직 준비가 덜 된 상태였으니 말할 수 없이 기쁜 동시에 이런저런 부담이 느껴졌죠. 늘 긴장 상태였어요. 못 하겠고, 도망가고 싶고, 연기는 마음에 들지 않고, 아쉬운 것투성이였죠. 그 전에는 그저 듣기 거북한 말투나 톤만 생각했는데 그때부터는 다른 게 보이기 시작했어요. 이런 연기를 하기 위해서는 다양한 감정을 느끼고 배워야 한다는 걸 알았어요. 그래서 〈라이브〉 이후로 영화를 가리지 않고 미친 듯이 보기 시작했죠. 저는 원래 너무 어려운 영화나 예술영화는 잘 못 봤거든요. 하염없이 졸리고 무슨 말인지 도통 모르겠고 흥미를 못 느꼈어요. 그냥 재밌고 자극적인 장르 영화를 더 좋아했죠. 그런데 영화를 본격적으로 찾아 보면서부터 그 안의 어떤 감정이 보이고 메시지가 읽히기 시작했어요. 너무 재밌는 거죠. 그때부터 시야가 확 넓어지는 느낌이 들면서 그제야 영화를 제대로 사랑하게 된 것 같아요.

〈피아〉

어떤 영화들을 보기 시작했나요?
쿠엔틴 타란티노 감독님의 작품을 다
찾아서 봤어요. 그러다 인터뷰까지 모두
찾아서 읽고. 무성영화나 흑백영화 이런
것도 막 보고. 저는 홍상수 감독님 영화가
그렇게 재밌을 줄 몰랐어요. 그다음에는
자비에 돌란에게 빠졌고. 아, 〈첨밀밀〉도
되게 강렬했어요. 아직도 미키 마우스만
보면 눈물이 나요. 그리고 같이 작품
하면서 만난 감독님들이 추천해 주시는

영화도 다 챙겨서 봤죠. 개봉하는 영화는
아침에 일찍 일어나는 편이라 조조로
되게 많이 봤어요. 심야보다 무조건 조조!
**완전히 스펀지 같은 시기였네요. 일도
하고 독학으로 영화 공부도 하고.**
맞아요. 그렇게 미친 듯이 영화를 보다
보니 어떤 배우가 어떻게 나올 때
매력적인지 느껴지더라고요. 그때부터는
'매력적으로 보이는 순간'에 대한 생각을
많이 하게 되었죠.

INTERVIEW

그런 고민을 거쳤는지는 몰랐는데, 〈스위트홈〉의 은유는 처음 등장하는 순간부터 매력적으로 시선을 잡아끌었어요.

제가 머릿속으로 막연하게 생각한 매력적인 순간들을 이응복 감독님이 놀랄 정도로 딱딱 잘 짚어 담아주셨어요. 그런 호흡이 되게 잘 맞아서 모니터를 볼 때 희열을 느끼는 순간이 아주 많았죠. 그 덕분에 저는 어떻게 하면 좀 더 관객에게 잘 가닿는 연기를 할 수 있는지에만 몰두할 수 있었던 것 같아요. 〈스위트홈〉 시리즈는 웹툰이 원작인 데다 판타지 장르라서 상상하면서 해야

하는 부분이 많았고, 그 덕분에 초록색 크로마키 스크린 앞에서 하는 연기를 제대로 배웠죠. 그리고 은유를 만나면서 처음 해보는 것들이 되게 많았어요. 발레도 배웠고. 하나의 캐릭터를 위해서 무언가를 생동감 있게 배울 수 있다는 사실에 감사했어요.

감각을 통한 학습 능력이 빠르다는 느낌을 받아요.

현장에서 배우는 것, 몸으로 하는 것을 익히고 습득하는 속도가 빠른 편이긴 해요. 저는 대본 리딩보다 현장 리허설을 통해서 알게 되는 것들이 훨씬 더 많아요. 그 전에 일단 이미지 시뮬레이션을

〈스위트홈〉

해요. 반복해서 꼼꼼하게 상상하고 음악은 최대한 가사 없는 클래식이나 연주곡 위주로 많이 들어요. 특정 장면과 어울릴 것 같은 노래들을 통해서 정서만 느껴질 수 있도록 하는 거죠. 음악을 들으면 확실히 감정이 더 집중되는 면이 있더라고요. 예전에 집에서 미리 연습한 대로 복사해 붙여넣기 하듯 연기했다면 지금은 달라요. 연습하는 시간을 촘촘히 채웠다면 현장에서는 그걸 공중으로 다 날려보내요. 어차피 익혔으니까 최대한 본능적으로, 충동적으로 하려고 하죠. 그러면 어쩐지 집중력이 더 커지는 것 같아요. 막상 현장에 가보면 장소의 느낌도 다르고, 예상치 못한 환경일 수도 있잖아요. 그러면 준비한 버전 중에서 최대한 비슷한 걸 가지고 오되, 그 안에서 순간적으로 자유롭게 덧대거나 빼면서 만들어가죠.

그 반면에 〈스위트홈〉에서 담배를 피우는 편상욱(이진욱)을 쳐다보며 "백순가?"(백수인가)라는 말을 내뱉은 다음에 혀끝을 이 위로 살짝 굴리는 연기를 보면서, 짧은 대사나 동작도 아주 많이 연습하고 준비하는 배우라는 생각을 했어요.
집에서 진짜 많이 내뱉어봐요. 이미 좋다 싶은 버전이 있어도 더 좋은 게 나올 것 같으면 계속 또 연습해 보죠. 특히 짧은 문장에서 딱 맞는 톤을 찾는 게 진짜 어렵더라고요. 대사라는 게 그야말로 한 끗 차이인데 톤이 뭔가 딱 맞아떨어지지 않을 때가 있어요. 그럼 원하는 대로 나올 때까지 미친 듯이 연습하고 연습하고 연습하고… 이거다 싶은 소리가 나온다 싶다가도 또 안 나오고, 어쩌다 한 번 나오면 또 안 나오죠. 그러다 괜찮은 것 같은데 싶은 톤을 찾아도 그중에도 베스트가 뭘지 고민하게 돼요.

INTERVIEW

사진에 A컷, B컷이 있듯이. 가끔은 이 대사가 내 대사다 싶은 느낌이 들면 연습할 때 몸이 싸악- 차가워지는 현상이 나타나요. 그러면 그 대사를 내뱉게 될 다음 날 그 순간이 기다려지고 너무 설레죠.

정확한 음을 찾아 튜닝하는 과정과 비슷하네요.

맞아요. 그래서 A, B 둘 다 나쁘지 않을 때는 매니저 대니(미스틱 액터스 김대현 과장)한테 물어봐요. 어떤 게 더 잘 꽂히느냐고. 대니는 대체로 저랑 생각이 비슷한데 어쩌다 다른 경우에는 현장에 가서 두 가지 버전으로 다 해볼 때도 있어요.

악보처럼 지난밤 혼자 연습한 방식을 현장에서 정확하게 다시 구현할 때 구사하는 본인만의 표기법 같은 게 있어요?

저만 알아볼 수 있는 표식이 있어요. 화살표나 방향 같은 식으로. 보통 그렇게 표시해 놓으면 제가 기억하기 때문에 알거든요. 물론 저만 알아볼 수 있겠지만.

고민시만의 연기 매뉴얼을 만들어가고 있군요.

제가 연기를 왜 사랑하는지를 생각해 본 적이 있어요. 대본을 보다 보면 어느 순간에 기막힌 아이디어가 떠오르거나, 이 장면은 이렇게 연기하면 너무 매력적이겠다는 생각이 딱 샘솟거든요. 그야말로 전구가 번쩍 하는 것 같은 느낌이 들죠. 이거 됐다! 이 장면 됐다! 그러면 얼른 카메라 앞으로 달려가고 싶어요. 이 연기를 할 순간이 무척 기대되죠. 솔직히 말하면… 다들 놀라시겠지 하는 부푼 기대까지 안고 가죠. 물론 그러고도 아무 일도 생기지 않고 아무도 놀라지 않는 경우도 많지만. (웃음) 하지만 아주 가끔 현장에서 예상치 못한 연기가 저도 모르게 나왔을 때 느껴지는 특유의 공기가 있거든요. 이 모든 사람의 공기가 다 내 공기가 됐구나, 싶은 순간의 카타르시스는 정말이지… 와… 말로 설명할 수 없을 만큼 짜릿해요. 대본이 너무 어렵고, 도망가고 싶고, 누가 정답지를 좀 줬으면 좋겠고, 매번 하는데 왜 또다시 처음 하는 것 같은지, 도대체 언제까지 이런 상태일지 답답하다가도, 가끔 찾아오는 이런 순간들 때문에 결국 연기가 너무 재밌다, 또 하고 싶다는 생각을 하게 되는 거죠. 〈밀수〉 무대 인사차 지방에 갔을 때 김혜수 선배님이랑 밤을 지새우면서 얘기한 날이 있었어요. 저는 이런 이런 이유로 연기를 계속 하게 되는 것 같다고 했더니 선배님 역시 그 포인트 때문에 연기를 하신다고, 저더러 어린 나이에 벌써 그걸 알고 있다니 참 신기하다고 하셨어요. 저한테는 그 말이 너무 큰 힘이 됐어요. 그럼 나도 언젠가 혜수 선배님처럼 멋진 길을 걸을 수 있겠구나 하는 희망이 생겼죠.

오월을 잊지 말아요
〈스위트홈〉이나 〈오월의 청춘〉도 그렇고 피와 함께 등장하는 경우가 많아요.

피! 좋아합니다. 저는 피를 보면 에너지가 확 올라가요. 모니터를 볼 때도 피투성이 분장이 돼 있는 제 얼굴이 마음에 쏙 들고. 피의 양이 많으면 많을수록 기운이 확 모이는 게 느껴져요. 게다가 신기하게도 피 묻힌 작품이 다 잘됐어요. 퍼스널 컬러가 블러디 레드 bloody red 입니다. (웃음)

〈스위트홈〉 시즌 2에서 거의 피로 샤워를 하는 현수(송강)가 부러웠겠는데요?

와! 진짜 저거 완전 내 건데! (웃음)

나이와 경력에 비해 작품에서 죽음을 맞는 경우도 많았어요.

특별히 피하지는 않아요. 그러다 보니 김갑수 선생님의 뒤를 잇는 사망 전문 배우입니다. (웃음) 하지만 〈오월의 청춘〉에서 마지막 죽는 장면을 촬영할 때는 진짜 슬펐어요. 그 차가운 바닥에 누워 있는데 1980년 5·18 때 이렇게 세상을 마무리했을 분들이 생각나면서 견딜 수 없이 슬펐어요. 이렇게 허망하게 삶이 끊어져버렸을 그 청춘들을 생각하면 가슴이 아리고 아팠고요. 그런데 명희로서는 내가 죽어서 슬프기보다 남겨진 사람들 걱정이 더 많이 되었어요. 그냥 나를 아예 못 찾았으면 좋겠다고 생각했어요. 내가 이렇게 떠났다는 걸 알면 남겨진 사람들이 너무 슬플 것 같으니까 그냥 아예 몰랐으면 좋겠다고, 이런 모습조차 절대 못 봤으면 좋겠다고, 미안해하지 않아도 되고, 오히려 떠나는 내가 더 미안하다고. 그 장면이 실제 제 마지막 촬영이었는데 촬영지가 남양주 쪽이었을 거예요. 숨 막힐 듯 고요했는데 갑자기 새들이 엄청나게 지저귀는 소리가 들렸어요. 그 순간을 평생 잊지 못할 것 같아요.

〈오월의 청춘〉은 공중파 드라마에서 전라도 사투리가 희화되지 않고 심지어 멜로드라마 주인공들의 언어로 구사된, 제가 기억하는 최초의 작품인 것 같아요. 이 사투리가 더없이 사랑스럽게 들렸어요. 편견이 확 깨지는 느낌이 들었달까.

일단 대본이 워낙 좋아서 현장에 가면 그냥 딱 집중이 됐어요. 하지만 처음에는 사투리를 제대로 구사하기가 어렵기도 하거니와 감정 전달이 잘될지 모르겠어서 걱정을 많이 했죠. 감독님은 그냥 감정만 생각하라고, 사투리에 너무 연연하지 말라고 하시더라고요. 처음에는 그걸로 꼬투리 잡는 사람도 있겠지만, 일단 배우가 쓰는 말투에 익숙해지면 사투리의 노련함을 따지기보다 그 인물의 감정에 몰입하니까 크게 걱정 안 해도 된다고. 그 말에 큰 위안이 됐고 자신감을 얻었어요. 그래서 감정에 진심을 꾹꾹꾹꾹꾹 눌러 담으려고 노력했어요. 그리고 <u>진심은 결국 통한다는 것을 믿게 됐어요.</u>

〈오월의 청춘〉처럼 실제 사건과 특정 시대를 배경으로 한 작품이 처음이었을 테고, 단순히 드라마 한 편에 배우로 출연하는 것 이상의 마음을 갖게 되었을 것 같아요.

그렇죠. 무조건 그럴 수밖에 없어요. 우리의 아픈 역사를 담은 드라마고, 그 역사를 실제로 겪은 사람들이 있기 때문에 이 드라마에 참여한 배우나 스태프 모두 온 진심을 다할 수밖에 없었던 것 같아요. 우리가 할 수 있는 건 시간이 흐른 뒤에도 인구에 회자될 수 있는 드라마를 만드는 거라고 생각했어요. 그래서 일부러 더 주기적으로 〈오월의 청춘〉을 잊지 않게 언급해요.

모든 사람에게 난 아직도 명희를 잊지 않았다고, 난 아직도 명희를 사랑하고 있다고, 늘 마음속에 품고 있다고 말하고 싶어요. 그건 제가 맡은 캐릭터나 제 연기를 기억해 달라는 뜻이 아니라 그때의 일들을 기억해 주고, 더 많은 사람이 알게 되길 바라는 마음이죠.

5·18기념재단에 기부를 하고, 광주MBC가 제작한 5·18 42주년 특집 다큐멘터리 〈나를 찾아줘〉의 내레이션에 참여했어요. 혹여 정치적 프레임이 씌워지는 데 대한 경계나 걱정은 없었나요?

그런 걱정은 없었어요. 만약에 이 작은 동참을 문제 삼는다고 해도 어쩔 수 없는 거죠. 그런 일이 무서웠다면 애초에 〈오월의 청춘〉을 선택하지 않았겠죠. 오히려 함께 목소리를 낼 수 있는 젊은 배우들이 더 많아지면 좋겠어요. 작품을 통해 세상과 역사를 더 알아갈수록 저라는 사람 그리고 저라는 배우가 점점 더 좋은 쪽으로 도움이 될 수 있는 길을 찾아가고 싶어요.

〈스위트홈〉 때부터 '이도현+고민시'는 얼굴의 합부터 연기의 합까지 참 좋은 페어라는 생각을 했어요. 저만 이런 생각을 한 게 아니라는 증거가 〈오월의 청춘〉이고요.

〈오월의 청춘〉은 감정적으로는 무지 힘든 장면이 많았지만 정말 즐겁게 촬영했어요. 이런 드라마가 만들어질 수 있다는 사실에 감사했고, 이런 연기를 할 수 있다는 것이 좋았어요. 늘 내일이 기대됐고, 내일 이 신을 도현이는 과연 어떻게 준비했을지도 궁금했죠. 제가 제일 경계하는 배우 1호가 이도현입니다.

(웃음) 〈스위트홈〉과 〈오월의 청춘〉을 같이 한 도현이가 이후 〈파묘〉까지 멋지게 해내는 모습을 보면서 굉장히 자랑스러워요. 앞으로 대한민국 영화판을 이끌어갈 20대, 30대 배우, 우리 세대 배우가 나오는 게 대단히 중요하다고 생각하는데, 이도현이 그런 배우가 된 것 같아서 더없이 뿌듯하고 든든하죠.

〈오월의 청춘〉

희희) 낙락

우리들의 찬란한 오월.

오월의 청춘들 ♡

2021. 03. 13

선민 명희 수현 - 대구

계산하지 말고 던져라

〈밀수〉 언론 시사회가 끝나고 상영관을 나서면서 장담했어요. 이제 영화계가 고민시를 주목할 때라고.

처음에는 제가 혹여 민폐가 되지 않을까 걱정했어요. 그 시절에 대한 감각이나 정보가 없을뿐더러, 제가 1970년대 다방 마담 역할이라니, 너무 어리지 않나 하는 마음도 있었죠. 그런데 류승완 감독님이 그 시절에는 지금의 저보다 더 어린 나이에 이 일을 시작한 친구들이 아주 많았다며, 지금 그게 중요한 게 아니다, 다른 고민할 것도 많은데, 하면서 자료를 쫙 펼치시는 거예요. 그 시절 여자들의 스타일은 어땠지, 눈썹 모양은 어떻게 해볼까, 나이트클럽에서는 이런 춤을 춰야지 하는 식으로 구체적인 고민으로 바로 들어갈 수 있도록 도와주셨죠.

〈밀수〉의 고옥분은 진짜 상상 이상의 바이브였어요.

저야말로 류승완 감독님이 그런 이상한 디렉팅을 하실 줄 상상도 못 했어요. "고 배우, 거울을 잇새에 낀 고춧가루 찾듯이 봐볼까?" "이번에는 껌을 아주 쌍-스럽게 한번 쫙쫙쫙 씹어볼까?" "거기서 풍선을 불다가 이로 확 터트려볼까?" 이런 디렉팅이 떨어지면 일단 최대한 빨리 감독님의 말을 이해하고 거기에 맞춰 어떻게 연기할지를 생각해야 해요. 그리고 이 행동의 앞뒤 상황을 다 맞추면서 머리를 회전시키는 거죠.

이 개별 행동이 과하거나 튀지 않도록 전체 밸런스에 대한 계산을 빨리 해야 하죠. 〈밀수〉는 이런 면에서 머릿속으로 계산하는 속도를 줄이는 훈련을 진짜 많이 한 영화예요. 그리고 카메라 앞에서 모든 걸 내맡기고 내던지는 법 역시 배웠죠. 저 혼자 미리 계산하고 오면 절대 안 되는 현장이더라고요. 더 솔직히 말하면 아예 계산을 할 수가 없었어요. 류승완 감독님은, 응 아니야 오늘 수업 시간은 이건데? 하는 식이죠. 준비되면 갈게요 하는 게 아니라 어느새 슛 소리가 떨어져요. 어? 나는 아직 계산이 끝나지 않았는데? 하다가 에라 모르겠다 하고 그냥 나를 내던지고 올 수밖에 없죠. 그럼 감독님은 막 웃으면서 그걸 가져가요.

장도리가 금고 여는 장면에서도 갑자기 고 배우, 무슨 곡소리 같은 걸 내면서 앞으로 철푸덕 엎어져볼까? 하시는 거예요. 에, 그걸 어떻게 하지? 지금 이 많은 사람이 다 보고 있는데? 그러다가 결국 어느 순간 에라 모르겠다, 하고 한 거예요. "같이 죽자, 이 씨발 새끼야!"도 원래 대본에 없던 대사예요. 그냥 '에이, 씨팔' 정도였는데 감독님이 고 배우, 아무 욕이나 좋으니까 그냥 다 해봐, 다 질러! 지르고 뛰어들어! 하셔서 진짜 그냥 냅다 했어요. 그 장면 찍고 나서 감독님이 마이크에 대고 좋아! 하시면서 엄청 크게 웃으셨죠. 상도 주시고. 이런 반응이 엄청 큰 힘이 됐어요.

〈밀수〉

관객 역시 고민시의 '에라 모르겠다'
타이밍에 모두 빵 터졌고요.
매 순간 감독님이 오늘은 무슨 디렉팅을
하실까 항상 두렵고 또 신기했어요. 저는
사실 류승완 감독님이 제일 무서워요.
야단 한번 치신 적 없고 항상 웃으면서
말씀하시는데도요. 그냥 따를 수밖에
없어요. 아, 이런 걸 카리스마라고 하는
건가 싶었어요. 천재 류승완 감독님이
인정해 주시는 듯한 느낌이 들 때면
믿기지 않기도 했어요.

〈밀수〉는 김혜수, 염정아, 김재화,
박준면, 박경혜, 주보비 여기에
고민시까지, 폭넓은 세대의, 다양한
경력을 가진, 저마다 다른 방식으로
살아온 여성 배우들이 함께한
독보적인 현장이었어요.
참 좋았어요. 엄청 든든한 언니들이 잔뜩
생긴 느낌이 들었고 다들 친자매처럼

지냈어요. 별다른 얘기를 안 하더라도
그냥 같이 있는 현장의 공기만으로도
큰 의지가 됐어요. 그리고 선배님들의
얘기를 듣는 것만으로 에너지도 받고
간접경험으로 얻는 것이 되게 많았죠.
사실 옥분이는 해녀 언니들과 겹치는
촬영이 별로 없거든요. 그런데도 더없이
돈독하게 지냈어요. 제가 막내라서 더
잘해주신 부분도 있고요. 이렇게 좋은
팀과 이별하는 건 언제나 섭섭하지만,
어느덧 그렇게 생각하게 되더라고요.
결국 우리는 한 세계 안에 다 같이
있다고, 어차피 또 만날 거라고.

모두가 있는 숲속에서
2024년 하반기 공개를 앞둔
넷플릭스 드라마 〈아무도 없는
숲속에서〉는 캐스팅부터 기대가
자못 커요.

두 개의 시간대가 존재하는데 저는
김윤석, 이정은 선배님과 같은 시대의
사람이에요. 윤계상 선배님은 과거의
인물로 나오고요. 사실 〈아무도 없는
숲속에서〉는 제가 자존감이 가장
떨어졌을 때 만난 작품이라 더 애틋하게
느껴져요.

**누가 봐도 자존감이 점점 올라가는
시기였을 텐데 왜 그랬을까요?**

2022년에는 참 힘들었어요.
심리적으로나 상황 면에서나 여유도
없었고요. 연기 면으로 내가 지금 즐겁게
일하고 있는 게 맞나, 혹시 무언가에
쫓기면서 하고 있지는 않나 하는 의심도
들었고요. 그때 모완일 감독님과 미팅을
빙자한 오디션을 봤던 것 같아요. 단순
미팅인 줄 알고 갔는데 1차 땐 소소한
대화를 2차 땐 1부부터 5부까지 대본을
몇 시간에 걸쳐 다 읽었으니까요. 다
읽고 나니 이 캐릭터는 하게 돼도
문제겠다는 생각이 들더라고요.
한국에서 한 번도 본 적 없고 연기하기
너무 어려운 캐릭터였죠. 절대 뻔하지
않고 뻔하게 만들어서도 안 되는 캐릭터,
그러나 자칫하면 뻔해질 수 있는 그런
역할이었죠. 장면 하나하나를 다 생동감

있게 살려야 한다는 건 알겠는데, 어떻게
해야 그렇게 할 수 있을지는 막막했어요.
이만큼 어떻게 해야 될지 모르겠는
역할은 난생처음이었고, 대본을 읽을
때마다 너무 두렵고 무서워서 몸이
싸늘해졌어요. 그런데 또 그만큼 너무나
매력적인 캐릭터인 거죠. 초고난도
작품을 만났다는 생각에 부담스러워서
토할 것 같은 기분이 들었어요. 첫 리딩을
앞두고 거의 3일 동안 밤을 새웠어요.
전체 리딩 날 제 옆에 김윤석 선배님이
앉아 계시고 맞은편에 이정은 선배님,
윤계상 선배님까지 쭉 앉아 계셨죠.
원래도 전체 리딩 때가 가장 떨리는데
이날은 첫 대사를 내뱉기 직전까지 제
심장 뛰는 소리가 밖으로 들릴 것만
같았어요. 물론 아무도 그런 말씀은 안
하셨지만 저 혼자 생각에는 모두가, 이
캐릭터를 할 수 있겠어? 네가? 하는
눈빛으로 절 보는 것 같았어요. 리딩은
그럭저럭 끝났지만 그날의 공기는 약간
뭔가 부족한데, 하는 느낌이었던 것
같아요. 아직 내가 선배님들에게 믿음을
주지는 못하고 있다는 게 느껴졌죠.
심지어 저는 김윤석 선배님이 연출하신
영화 〈미성년〉의 오디션을 봤었거든요.
물론 떨어졌지만.

**김윤석 배우와 그런 인연이
있었군요.**

아마도 저라는 배우를 별로 미더워하지
않으셨을 텐데 그 상태에서 예전에

〈미성년〉의 오디션을 봤다는 애기를 하고 나서는 아… 괜히 얘기했다, 싶었어요. 김윤석 선배님은 아주 세심하시고 볼수록 신기해요. 현장에 있는 모든 걸 보세요. 눈이 아주 먼 곳에 달린 것처럼. 선배님에게는 선배님과 물속에서 싸우는 액션 신을 찍고 이후 고생을 하나둘 같이 해가면서 조금씩 믿음을 드리고 다가갈 수 있었던 것 같아요. 선배님만의 개그도 있고 선배님 방식의 응원도 있다는 걸 알게 되었죠. 촬영 중에 한 번은 잘했다고 칭찬해 주신 적이 있는데 저한테는 그 말이 엄청 크게 와닿았어요. 〈밀수〉 시사회 때도 오셨는데 끝나고 장문의 문자메시지를 보내주셨어요. 오랜만에 빛나고 아름다운 영화를 봤는데 그 안에서 민시가 연기한 옥분이라는 캐릭터가 반짝반짝 더 빛나 보였다고, 너무 잘했으니까 지금 이 순간을 충분히 즐겨도 된다고. 그 문자메시지를 받고 얼마나 감동했는지 몰라요.

그러고 보면 늘 좋은 동료들과 함께했어요. 그건 고민시가 좋은 동료라는 뜻일 테지만. 그사이 〈헤어질 결심〉에서 서래(탕웨이)가 보는 드라마의 주인공으로 박찬욱 감독까지 만났잖아요.
한 회차 촬영이었는데 심지어 크랭크인 하는 날이었어요. 오디션에 합격했다는 연락을 받았을 때도 되게 좋았는데, 영화의 성공을 기원하는 고사를 지내는 날 한 영화의 첫 촬영, 첫 신을 내가 찍었다는 사실에 뭔가 뿌듯하고 기분이 참 좋았어요. 게다가 감독님이 딱 원하던 매직 아워 속에 무녀 의상을 입고 나무에 기대어 있는데, 왜 꼭 이 시간대에 촬영하려고 했는지 느껴지더라고요. 노을 지는 그 순간과 장소, 모든 것이 더없이 좋았어요. 그 촬영을 절대 못 잊을 것 같아요. 그리고 박찬욱 감독님은 별거 안 하시는데 그냥 너무 멋있던데요? 게다가 배추 한 '포기'와 '포기'했다 같은 예를 들며 장음, 단음까지 구분해 주시는데, 내가 아마 앞으로 이런 디렉팅을 못 들을 텐데 참 감사한 일이라는 생각을 했죠. 이렇게 한 장면이라도 박찬욱 감독님이 연출하는 영화에 담긴다는 사실이 한없이 영광스러웠고, 제가 조금 더 나이가 들고 좋은 배우로 잘 살아가다 언젠가 꼭 다시 만날 날을 기다리게 되었어요.

카메라, 레디, 액션! Go!
어느덧 8년 넘게 배우로 살고
있어요.
그러니까요. 어느덧 그렇게 됐어요. 진짜
무섭다.

그간의 필모그래피를 쭉 살펴보면
데뷔 이후 비슷한 역할을 연이어
하지 않겠다는 어떤 결기가
느껴지는 선택을 해왔더라고요.
저는 지루함을 유난히 빨리 느끼는
것 같아요. 다른 사람들에게도, 저
스스로에게도 마찬가지죠. 아무리
장만옥을 좋아해도 그 배우가 나온
옛날 홍콩 액션 영화부터 〈첨밀밀〉에
〈화양연화〉까지 연속으로 보고 나면
팬인 저도 피로감이 약간 느껴지거든요.

이미지라는 게 그런 것 같아요. 배우가
아예 다른 얼굴로 갈아 끼우지 않는 한
어쩔 수 없이 피로감을 느낄 수밖에 없죠.
그래서 그런 부분을 제일 경계해요.

요즘 어떤 생각을 제일 많이 하나요?
저는 직장 생활을 하다가 연기를 시작한
경우라 돈도 중요하지만 제가 행복하기
위해서 이 일을 선택한 거잖아요. 하지만
이 업계의 속성상 다른 사람과 비교해
저울질당하는 순간도 있고, 내 것도
결코 나쁘지 않은데 자꾸 남의 것이 더
커 보이는 마음이 생기더라고요. 다행히
2023년에 〈밀수〉 덕분에 저라는 배우가
갈 길이 명확하게 보여서 30대를 훨씬
더 여유로운 마음으로 시작할 수 있게
되어서 좋아요. 지금도 가끔 못난 마음,

나쁜 마음이 침범할 때가 있죠. 하지만 그럴 때마다 본질을 잃지 말자, 본질을 잃지 말자 하는 생각을 해요.

연기에 대한 생각은 어떤 변화를 겪는 중인가요?

저는 연기하는 것도 너무 좋아하지만, 궁극적으로 하나의 작품 만드는 걸 깊이 사랑하는 사람이라는 걸 알아가는 중인 것 같아요. 현장에서 우리가 함께 하나의 작품을 만들어가는 과정이 더없이 멋있어요. 그래서 저는 빨리 현장에 가고 싶어요. 쉬는 기간을 잘 못 버티는 이유도 현장을 워낙 좋아하기 때문인 것 같아요. 수많은 스태프가 집중한 가운데 카메라, 레디, 액션! 하는 소리가 떨어진 후 3초가 있거든요. 그때 속에서부터 끌어올려지는 어떤 기운이 있어요. 모든 배우와 스태프 한 명 한 명이 이 신을 위해서, 이 컷을 위해서 준비한, 그 모든 기운이 모여드는 순간이죠. 그 집중된 공기 속에 제가 첫 감정을 끌어올려서 첫 대사를 내뱉기 딱 3초 전, 그 시간이 저는 너무 좋아요. 실제 연기는 오히려 뭔가를 느낄 새도 없이 컷 하는 소리와 함께 끝나요. 만약 배우로서 끌어올린 힘이 충분히 만족스러운데, 감독님의 컷 소리까지 기분 좋게 이어진다면 그야말로 완벽하죠. 온몸에 전율이 쫙 일 만큼. 결국 제가 계속 연기를 할 수 있는 이유 역시 현장에서 느끼는 즐거움, 동료들이 주는 행복감인 것 같아요. 그리고 우리가 함께 만든 결과물을 봐주는 관객이 있다는 사실에 늘 감사하고요.

열여섯 번째 넥스트 액터에게 10년 후, 서른아홉의 고민시는 어떤 사람, 어떤 배우가 돼 있을 것 같아요?

결혼은 무조건 했을 것 같아요. 아마도 아기도 있겠죠. 한두 살쯤? 당연히 계속 연기를 하고 있을 테고요. 사주를 보면 저는 70대에 잘된다던데요? 많은 이들의 귀감이 된대요. (웃음) 할 수 있다면 10년 후고 50년 후고 계속 연기하고 싶어요. 어느 순간 이런 마음이 변하지는 않을까 하는 생각도 해봤는데 그러진 않을 것 같아요. 저는 원래 한 가지를 오래 잘 못 하고 변덕도 심한데 희한하게 연기만큼은 질리지 않아요. 어떻게 될지 절대 알 수가 없잖아요. 내가 어떻게 연기할지, 작품이 어떻게 될지, 현장에서 어떤 사람들을 만날지, 항상 모르는 것투성이예요. 아직도 모르겠고, 앞으로도 계속 모를 것 같아요. 그러니 어떻게 질리겠어요. 계속 할 수밖에 없지 않을까요?

그렇다면 '많은 이들의 귀감'이 될 고민시가 열여섯 번째 넥스트 액터에게 해주고 싶은 말이 있다면?

2034년… 그때는 어떤 세상이려나? 그게 가장 궁금해요. 10년 후 이 글을 읽고 있는 넥스트 액터는 어쩌면 외국인일 수도 있겠네요. 당신이 누구든, 어디서든, 행복하게 연기하는 배우였으면 좋겠어요. 간절히 원하는 것이 있다면 때로는 얼굴에 철판을 깔아도 좋아요. 본질을 잃지 않고 언제나 진심을 다한다면 결국엔 통한다는 것을 항상 마음속에 간직해 줘요. 그런데 잠깐만… 다음 작품을… 저와 할리우드에서 같이 하기로 했다고요? (웃음)

WHO'S
THE
NEXT?

기획	무주산골영화제 × 백은하 배우연구소
글	백은하, 고민시
편집	백은하
디자인	워크룸(예승완)
표지 레이아웃	옥근남
교정·교열	최현미
인쇄	이지프레스

펴낸 곳	백은하 배우연구소
출판등록	2019년 2월 21일
	(제2019-000023호)
주소	서울특별시 종로구
	자하문로38길 12 2층 (03020)
전화	02-379-2260
홈페이지	www.unalabo.com
이메일	unalabo@icloud.com
인스타그램	@una_labo

ISBN 979-11-987151-0-4 (04680)
ISBN 979-11-966960-0-9 (세트)

값 20,000원